古陶文

中

赫俊紅 主編

國家出版基金項目
NATIONAL PUBLICATION FOUNDATION

中華書局

瓦器

瓦器

瓦器

瓦器

編號01469.05.001–01469.05.004

瓦器

瓦器

瓦器

瓦器

編號01469.05.005–01469.05.008

瓦器

瓦器

瓦器

瓦器

編號01469.05.009–01469.05.012

瓦器

十一月廿七日晨
十二月初五日

十二月廿八日拓

瓦登

十一月廿七日晨
十二月初八日拓完

瓦器

十一月廿七日晨
十二月初五日

十二月廿八日拓

瓦登

十一月廿七日晨
十二月初八日拓完

編號01469.05.013–01469.05.016

瓦器

瓦器

瓦器

瓦器

編號01469.05.017–01469.05.020

瓦器

瓦器

瓦器

瓦器

編號01469.05.021–01469.05.024

瓦器

瓦器

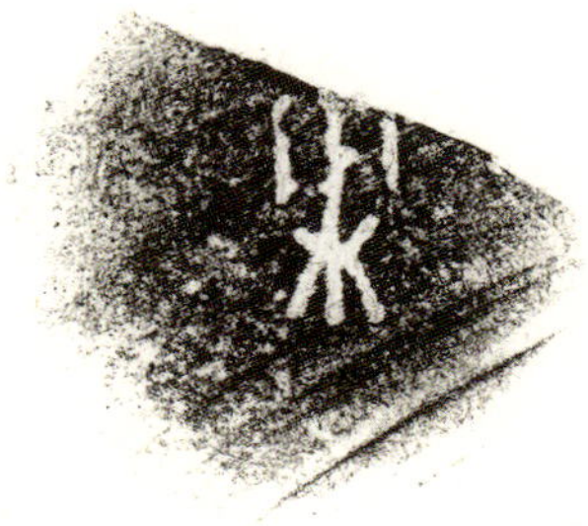

瓦器

瓦器

編號01469.05.025-01469.05.028

瓦器

瓦器

瓦器

瓦器

編號01469.05.029–01469.05.032

瓦器

瓦器

瓦器

瓦器

編號01469.05.033–01469.05.036

瓦器

瓦器

瓦器

瓦器

編號01469.05.037-01469.05.040

瓦器

瓦器

瓦器

瓦器

編號01469.05.041–01469.05.044

瓦器

瓦器

瓦器

瓦器

編號01469.05.045–01469.05.048

瓦器

瓦器

瓦器

瓦器

編號01469.05.041–01469.05.044

瓦器

瓦器

瓦器

瓦器

編號01469.05.045–01469.05.048

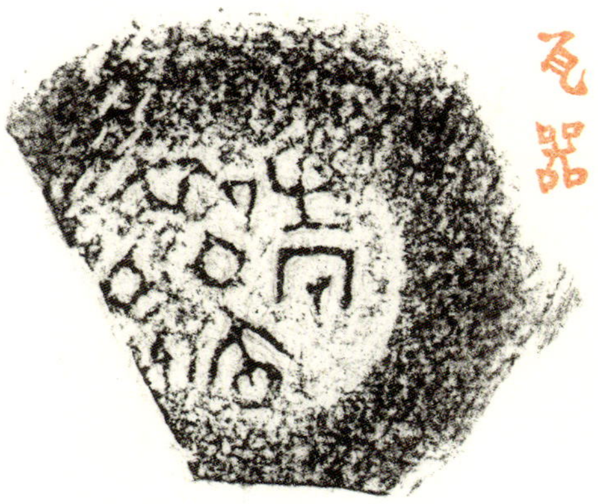

編號01469.05.049–01469.05.052

編號01469.05.053–01469.05.056

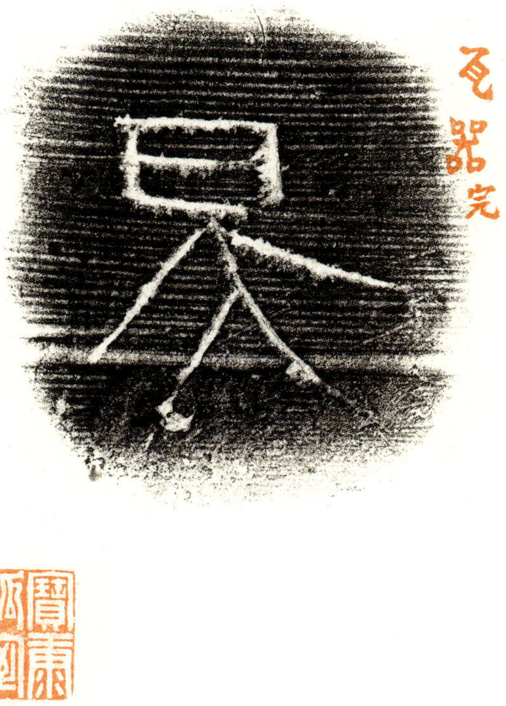

編號01469.05.057–01469.05.060

編號01469.05.061–01469.05.064

編號01469.05.065–01469.05.068

編號01469.05.069–01469.05.072

瓦器

瓦器

瓦器

瓦器

編號01469.05.073–01469.05.076

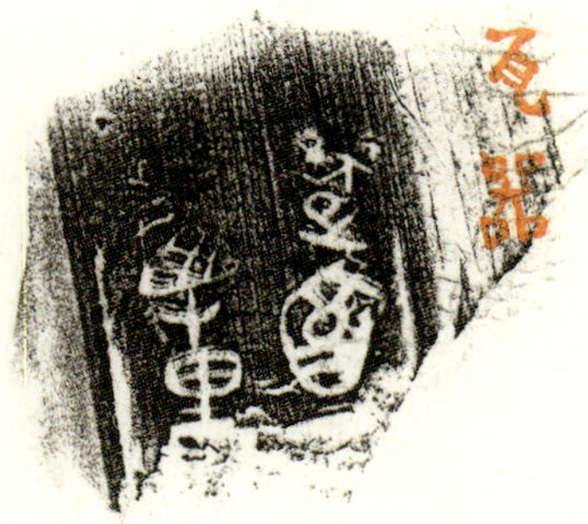

編號01469.05.077–01469.05.080

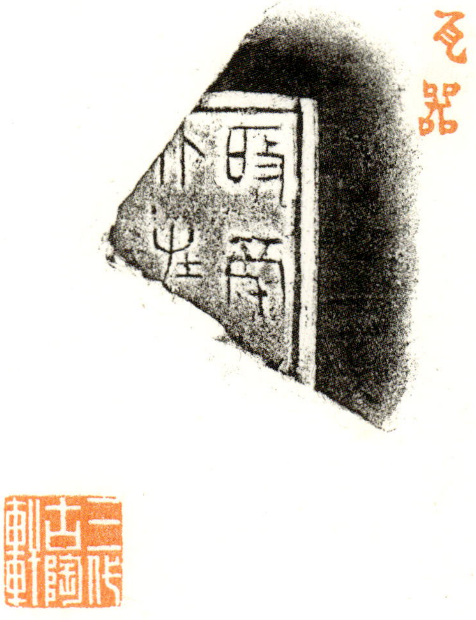

編號01469.05.081–01469.05.084

瓦器

瓦器

瓦器

瓦器

編號01469.05.085–01469.05.088

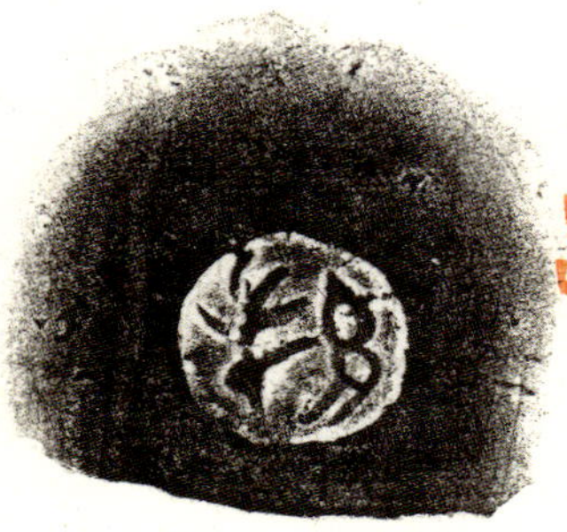

瓦器

瓦器

瓦器

瓦器

編號01469.05.089–01469.05.092

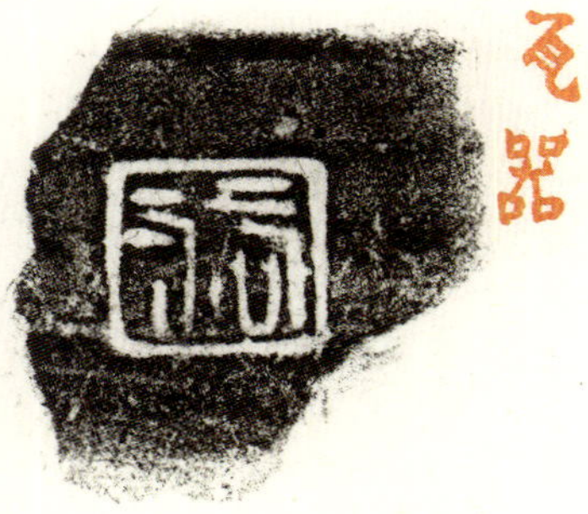

編號01469.05.093–01469.05.096

編號01469.05.097–01469.05.100

編號01469.05.101–01469.05.104

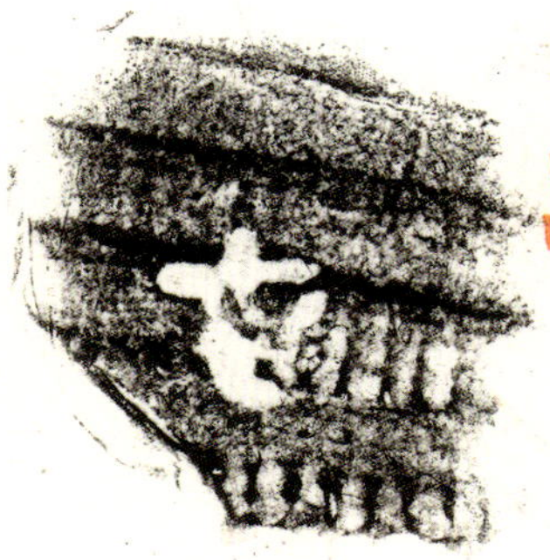

瓦器

瓦器

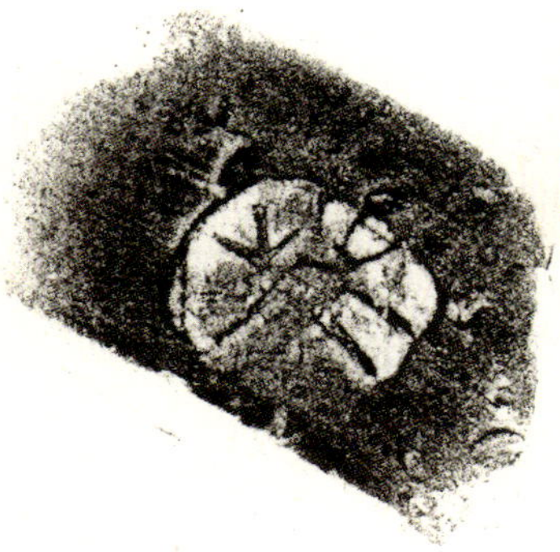

瓦器

瓦器

編號01469.05.105–01469.05.108

編號01469.05.109–01469.05.112

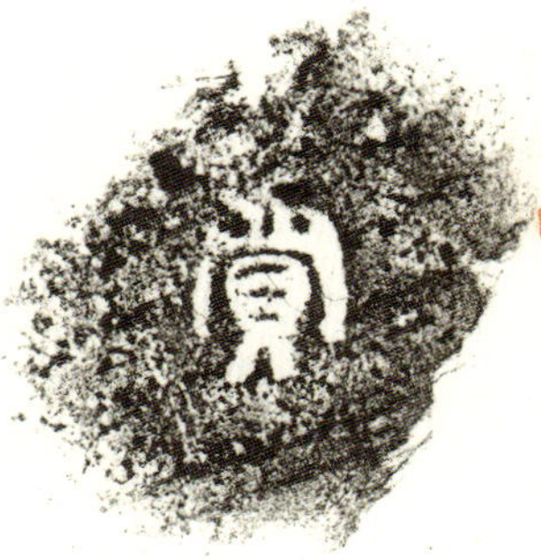

編號01469.05.113–01469.05.116

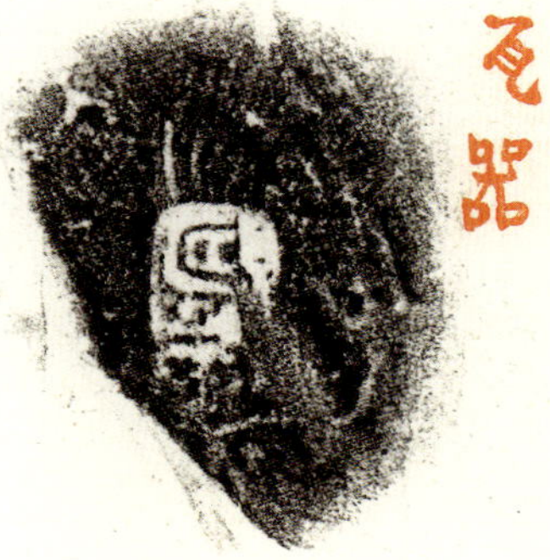

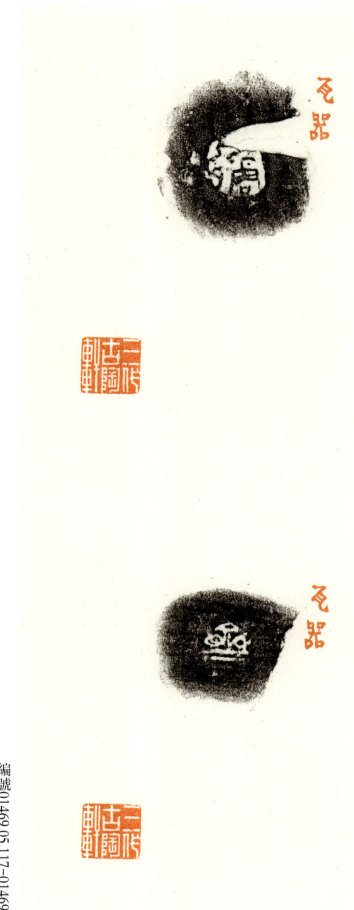

編號01469.05.117–01469.05.120

編號01469.05.121–01469.05.124

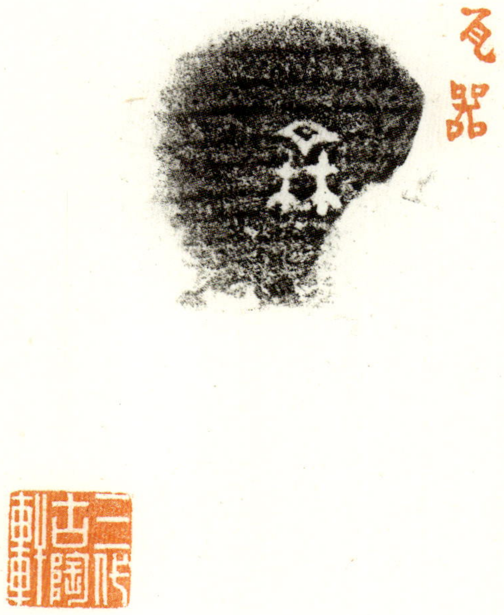

編號01469.05.125-01469.05.128

編號01469.05.129–01469.05.132

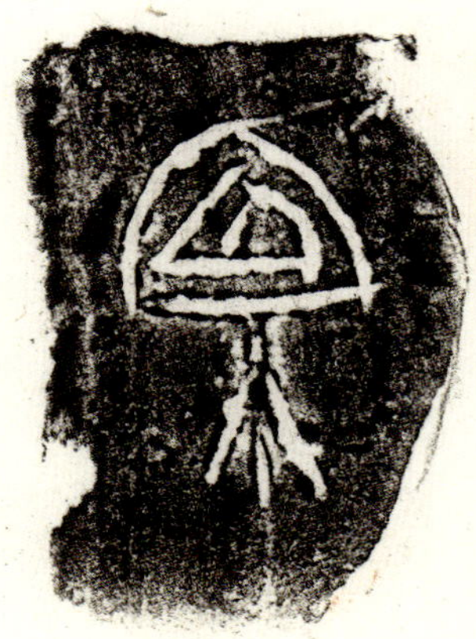

瓦器

瓦器

瓦器

瓦器

編號01469.05.133–01469.05.136

編號01469.05.137–01469.05.140

瓦器

瓦器

瓦器

瓦器

編號01469.05.141–01469.05.144

編號01469.05.145–01469.05.148

瓦器

瓦器

瓦器

瓦器

編號01469.05.149–01469.05.152

瓦器

瓦器

瓦器

瓦器

編號01469.05.153–01469.05.156

瓦器

瓦器

瓦器

瓦器

編號01469.05.157–01469.05.160

瓦器

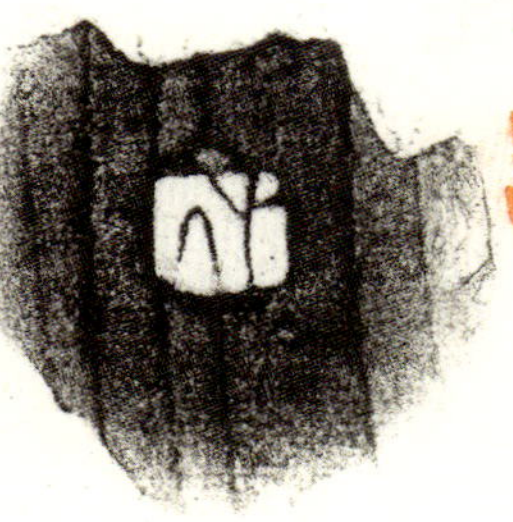

瓦器

瓦器

瓦器

編號01469.05.161–01469.05.164

瓦器

瓦器

瓦器

瓦器

編號01469.05.165–01469.05.168

編號01469.05.169–01469.05.172

瓦器

瓦器

瓦器

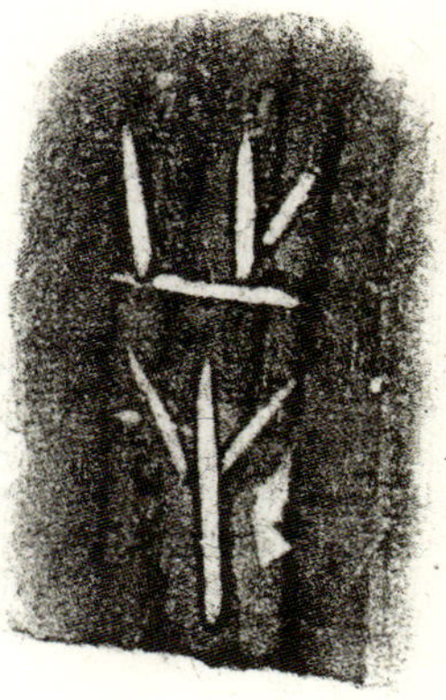

瓦器

編號01469.05.173–01469.05.176

編號01469.05.177–01469.05.180

瓦器

瓦器

瓦器

瓦器

編號01469.05.181–01469.05.184

編號01469.05.185–01469.05.188

瓦器

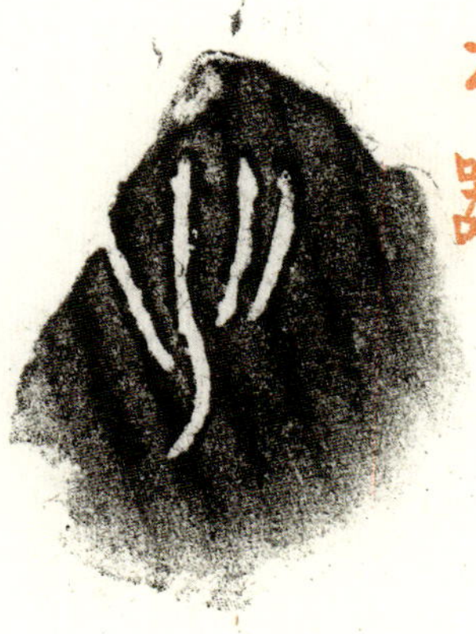

瓦器

瓦器

瓦器

編號01469.05.189–01469.05.192

瓦器

瓦器

瓦器

瓦器

編號01469.05.193–01469.05.196

瓦器

瓦器

瓦器

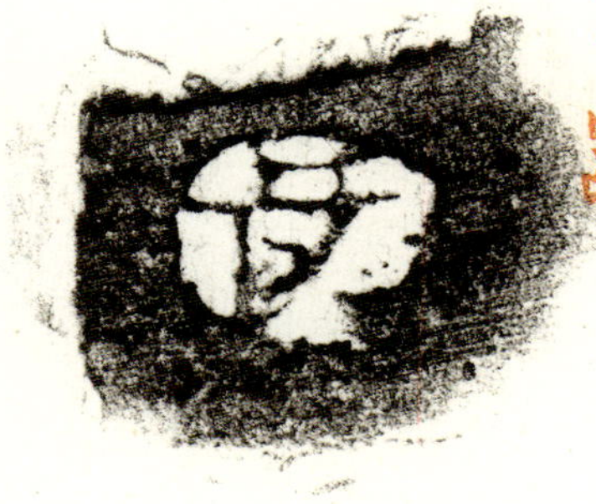
瓦器

編號01469.05.197–01469.05.200

瓦器

瓦器

瓦器

瓦器

編號01469.05.201–01469.05.204

編號01469.05.205–01469.05.208

編號01469.05.209–01469.05.212

編號01469.05.213–01469.05.216

編號01469.05.217–01469.05.220

瓦器

瓦器

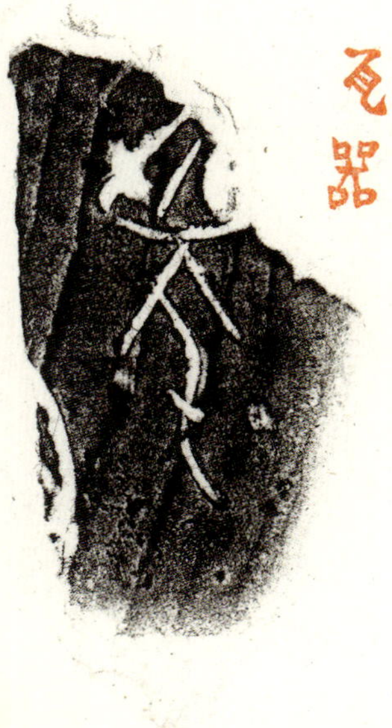

瓦器

瓦器

編號01469.05.221–01469.05.224

瓦器

瓦器

瓦器

瓦器

編號01469.05.225–01469.05.228

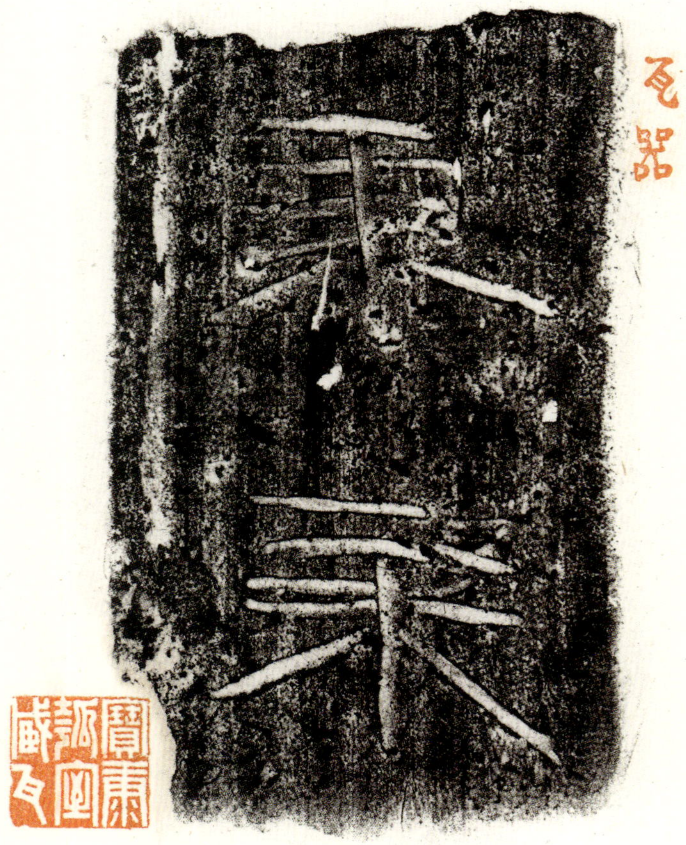

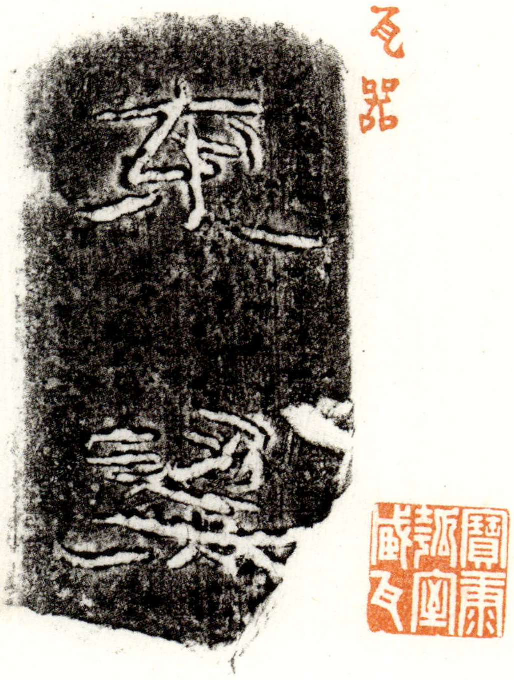

編號01469.05.229–01469.05.232

編號01469.05.233–01469.05.236

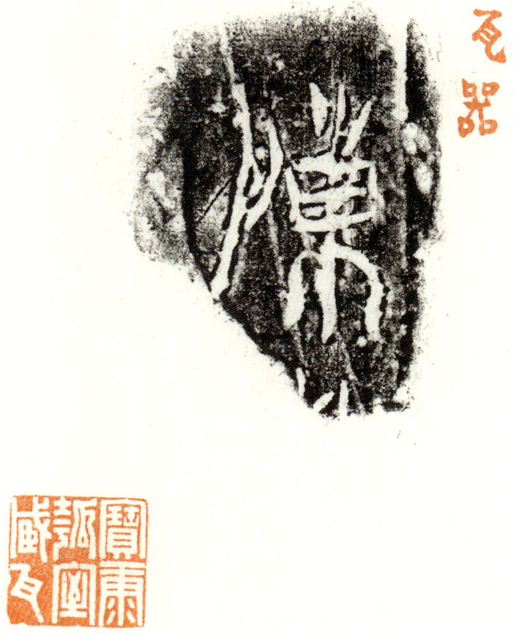

編號01469.05.237–01469.05.240

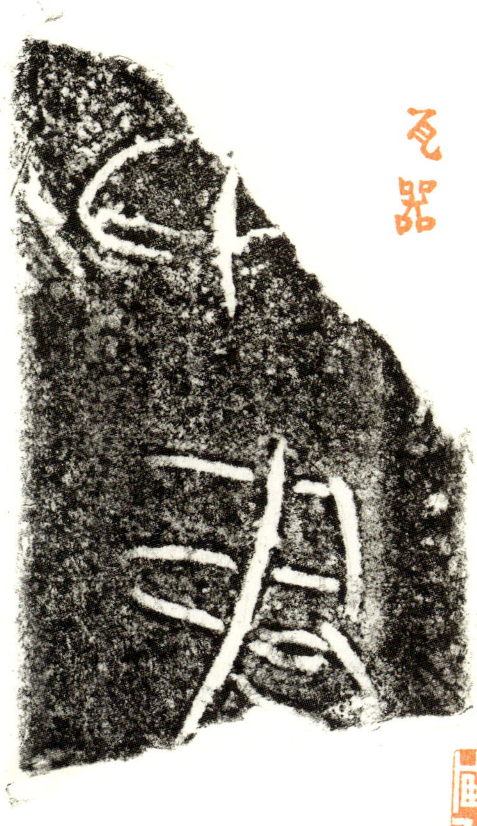

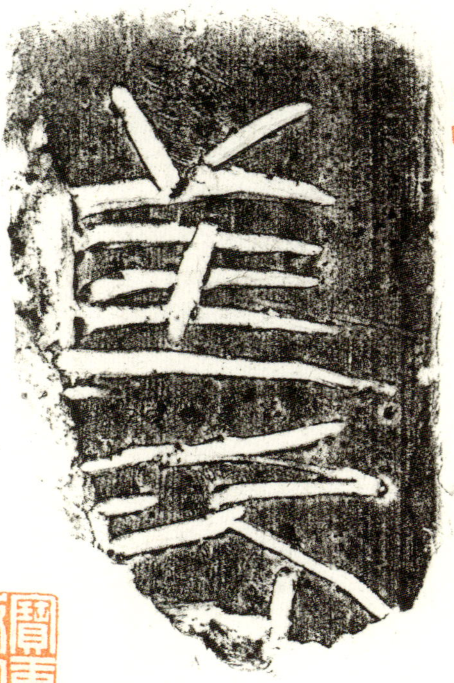

編號01469.05.241–01469.05.244

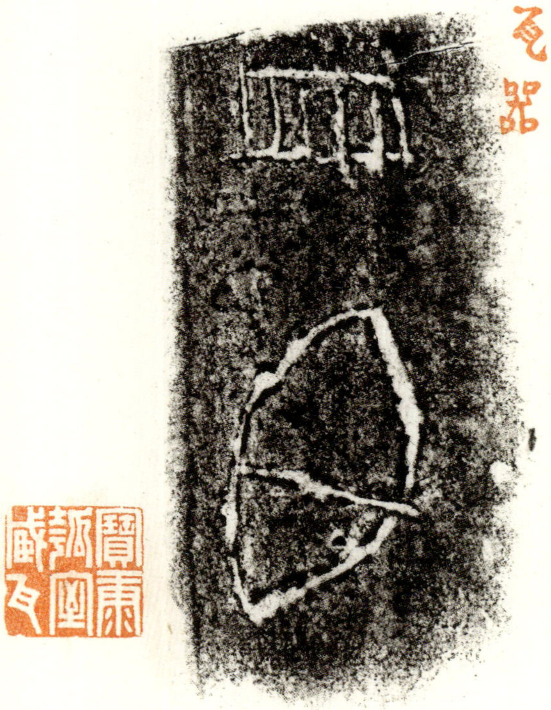

編號01469.05.245–01469.05.248

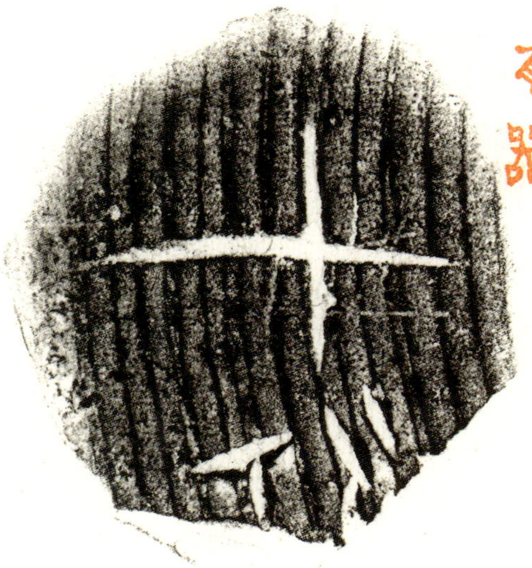

瓦器

瓦器

瓦器

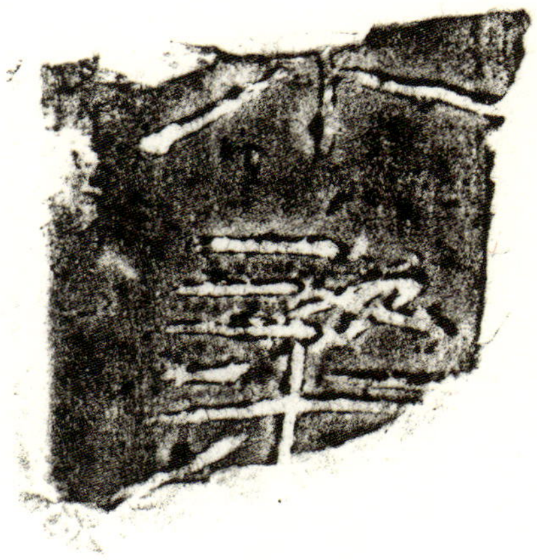

瓦器

編號01469.05.249–01469.05.252

編號01469.05.253–01469.05.256

瓦器

瓦器

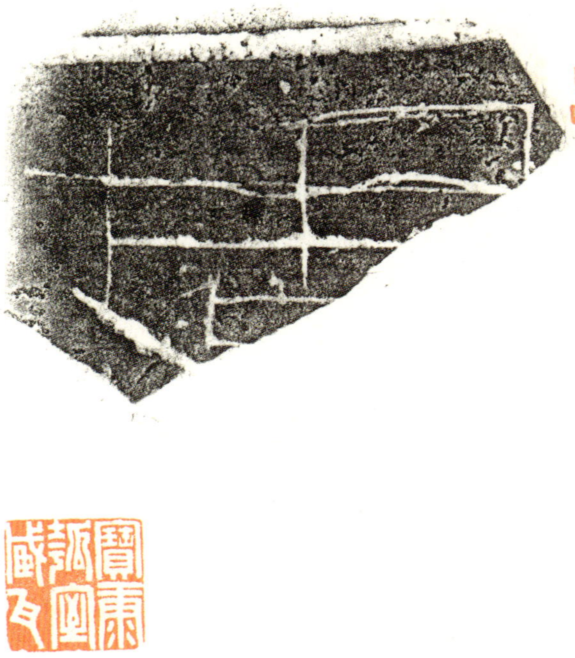

瓦器

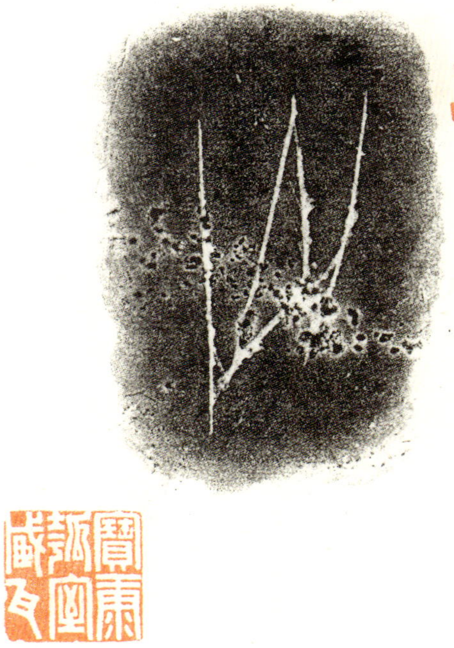

瓦器

編號01469.05.257–01469.05.260

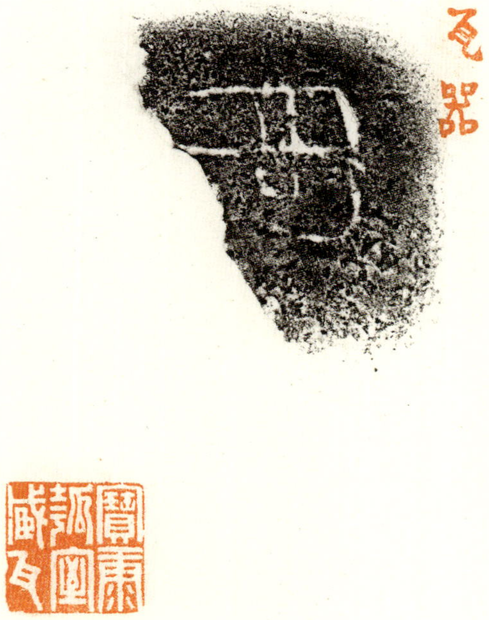

編號01469.05.261–01469.05.264

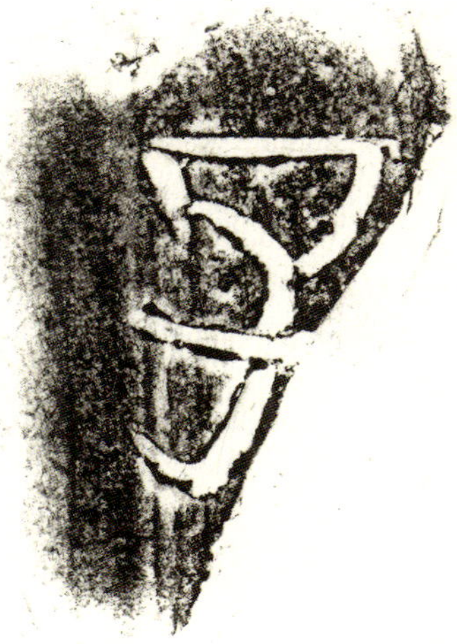

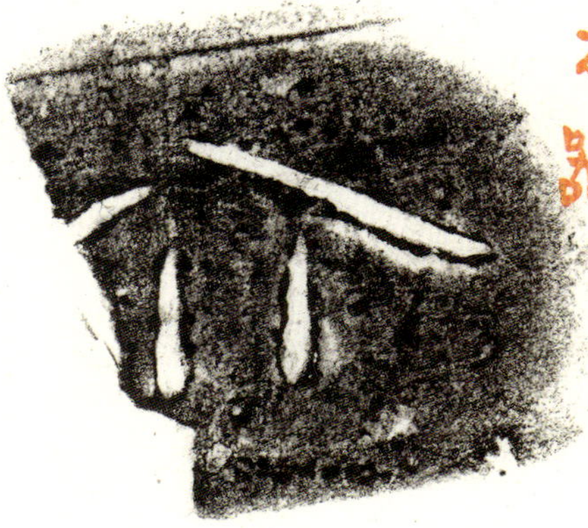

編號01469.05.265–01469.05.268

編號01469.05.269–01469.05.271

瓦器

瓦器

瓦器

瓦器

編號01469.05.272–01469.05.275

編號01469.05.276–01469.05.279

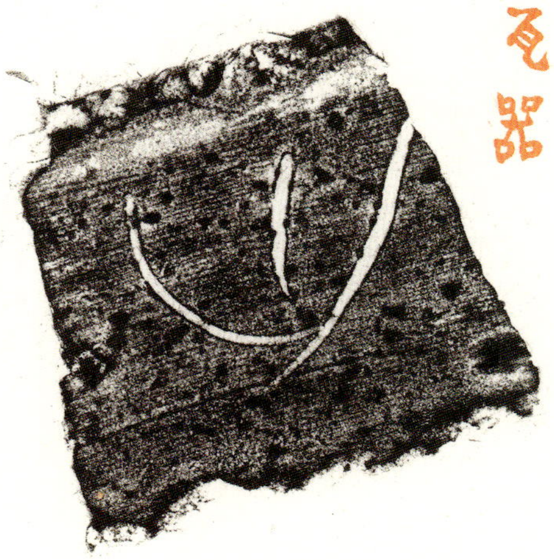

編號01469.05.280—01469.05.283

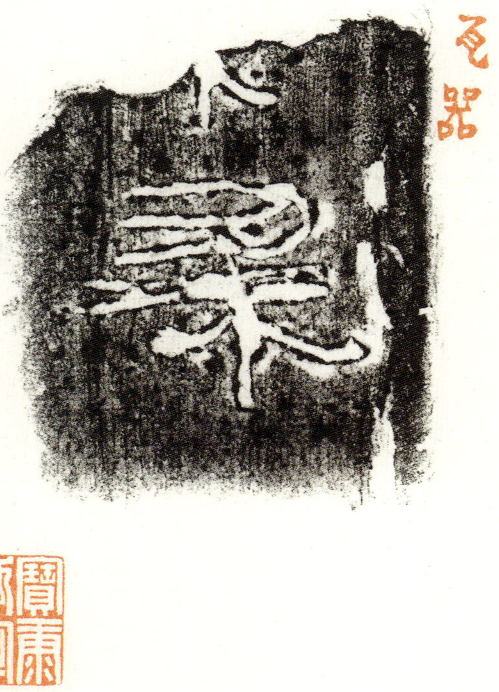

編號01469.05.284-01469.05.287

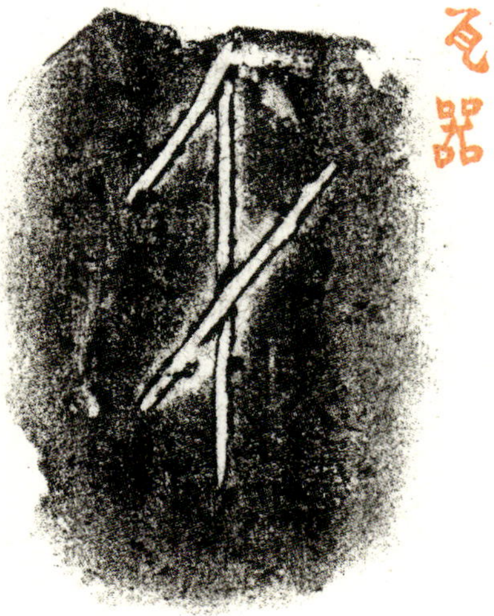

編號01469.05.288–01469.05.291

瓦器

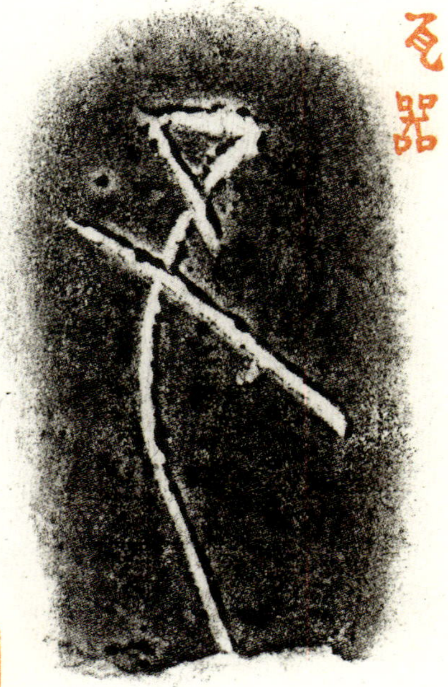

瓦器

瓦器

瓦器

編號01469.05.292–01469.05.295

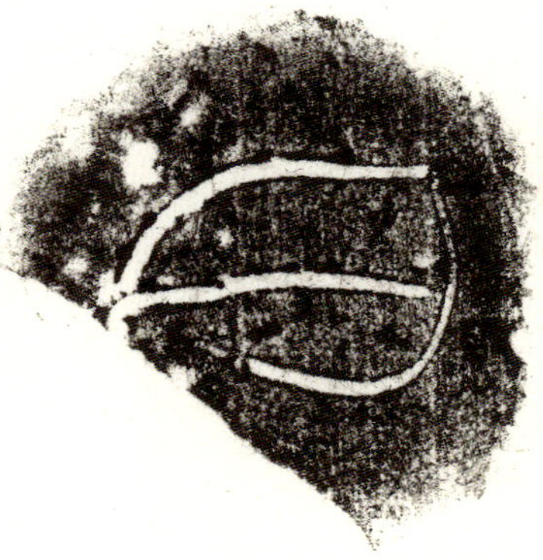

編號01469.05.296–01469.05.299

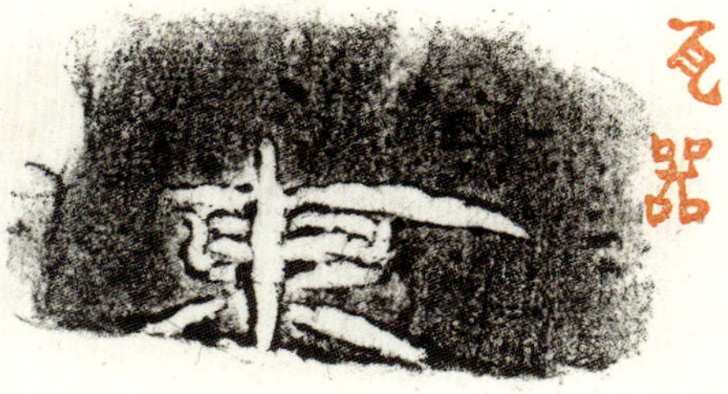

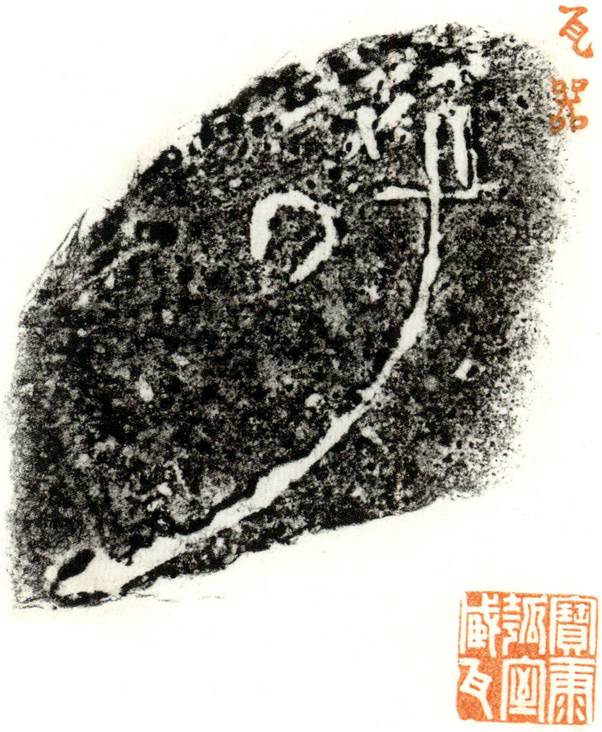

編號01469.05.300–01469.05.303

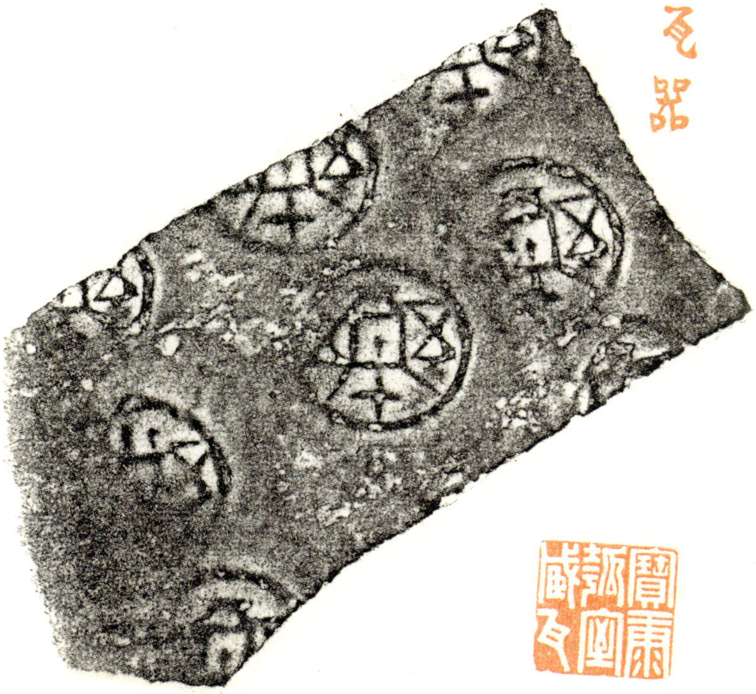

瓦器

瓦器

瓦器

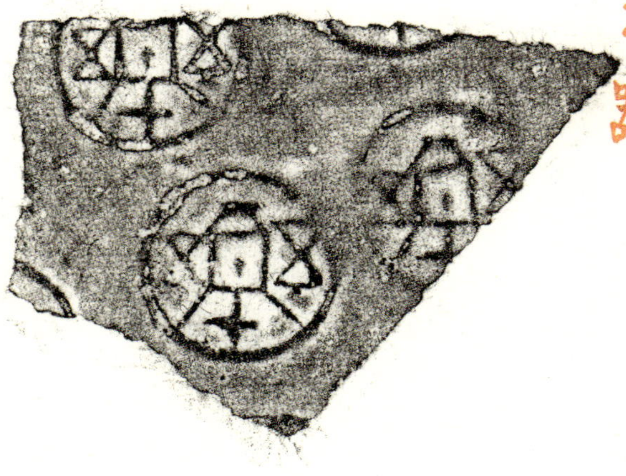

瓦器

編號01469.05.304–01469.05.307

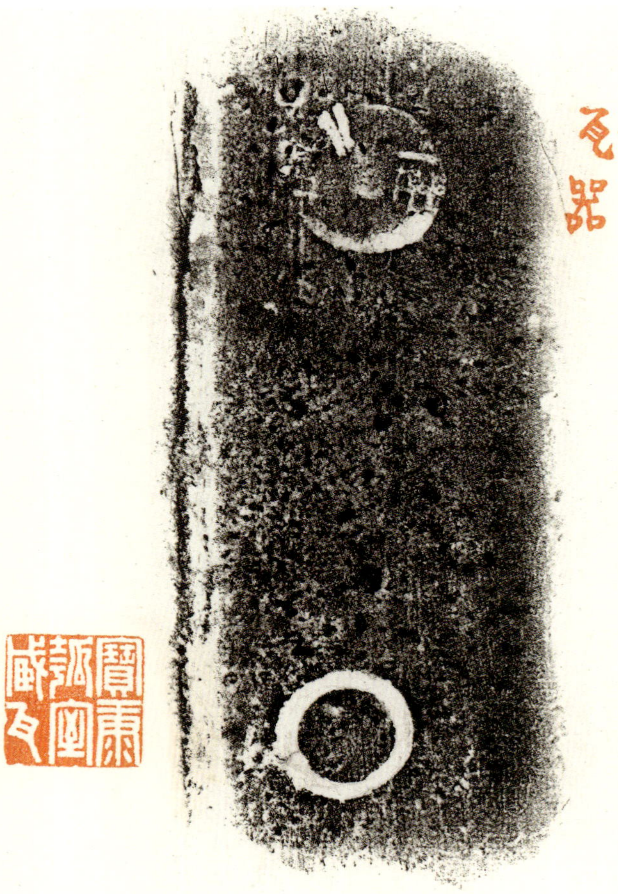

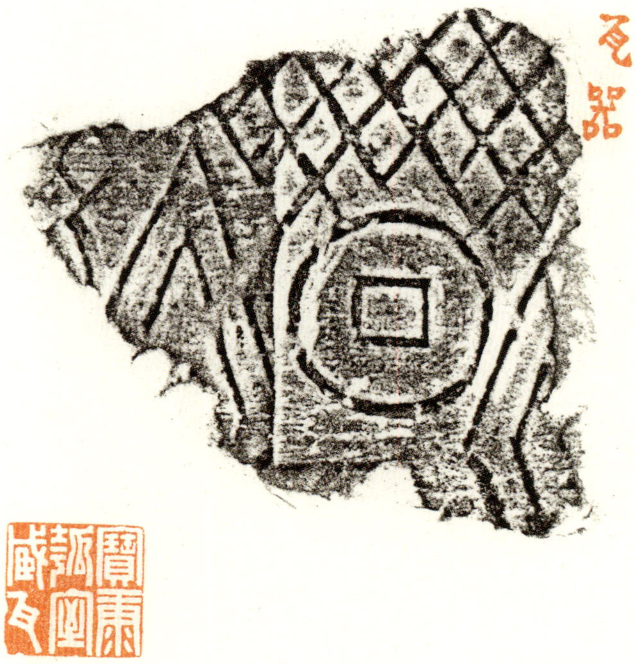

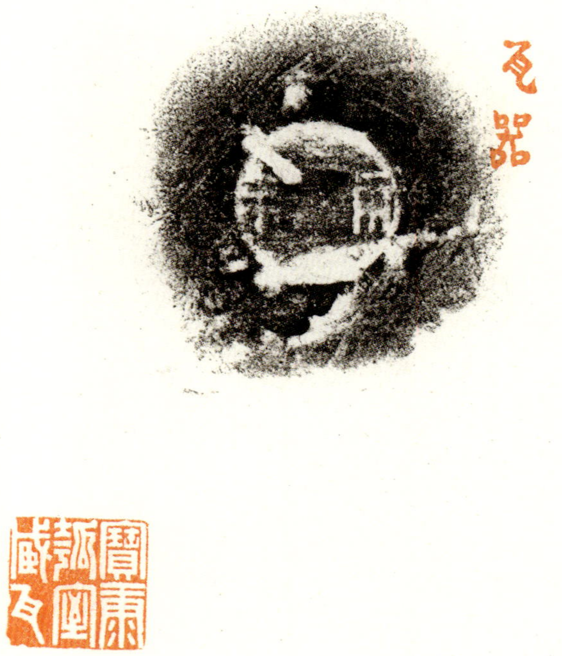

編號01469.05.308–01469.05.310

瓦器

瓦器

瓦器

瓦器

編號01469.06.001–01469.06.004

瓦器

瓦器

瓦器

瓦器

編號01469.06.005–01469.06.008

瓦器

瓦器

瓦器

瓦器

編號01469.06.009–01469.06.012

瓦器

瓦器

瓦器

瓦器完

編號01469.06.013~01469.06.016

瓦器

瓦器

瓦器

瓦器

編號01469.06.017–01469.06.020

編號01469.06.021–01469.06.024

瓦器

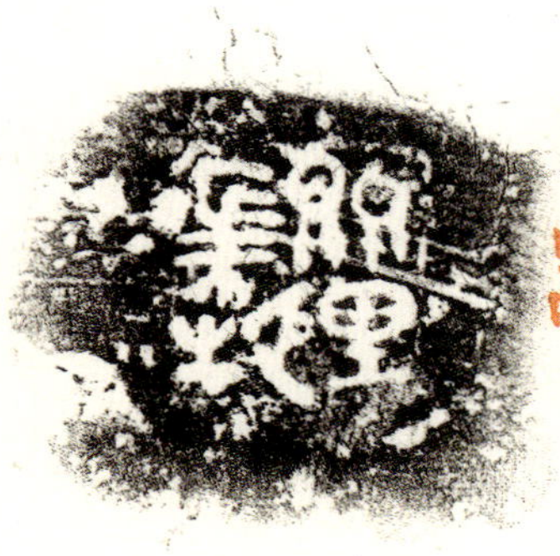

瓦器完

瓦器

瓦器

編號01469.06.025–01469.06.028

瓦器完

瓦器完

瓦器完

瓦器完

編號01469.06.029—01469.06.032

瓦器 完

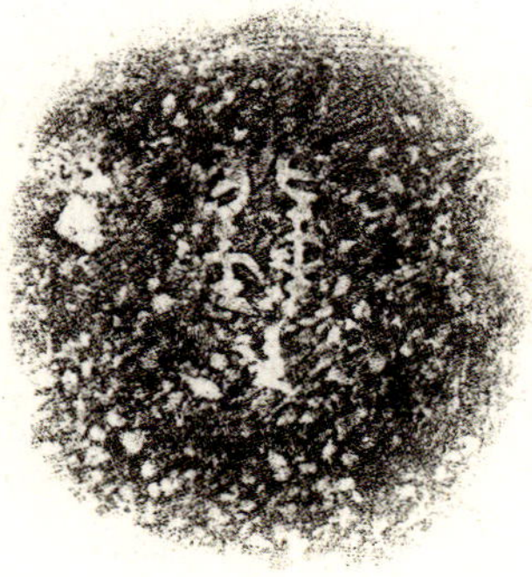

瓦器 完

瓦器 完

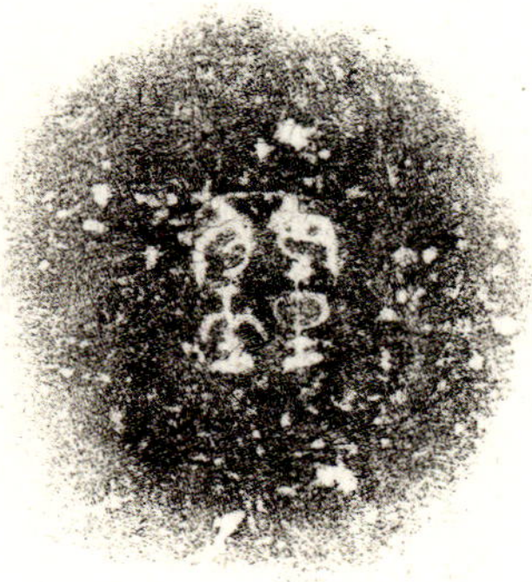

瓦器 完

編號01469.06.033–01469.06.036

瓦器

瓦器 完

瓦器

瓦器 完

編號01469.06.037-01469.06.040

瓦器

瓦器

瓦器

瓦器

編號01469.06.041–01469.06.044

瓦器

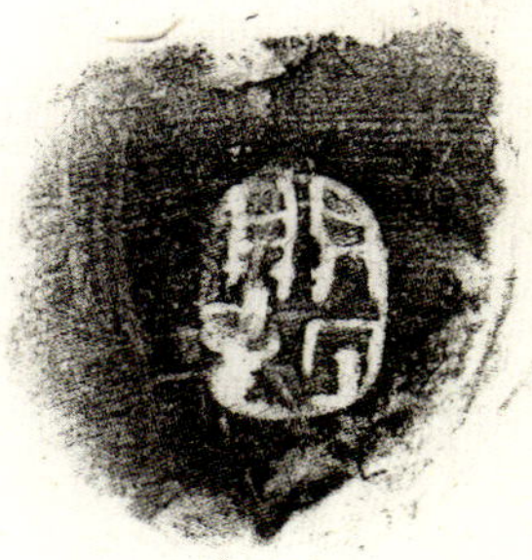

瓦器

瓦器

瓦器

編號01469.06.045-01469.06.048

瓦器

瓦器

瓦器

瓦器

編號01469.06.049–01469.06.052

瓦器

瓦器

瓦器

瓦器

編號01469.06.053–01469.06.056

瓦器

瓦器

瓦器

瓦器

編號01469.06.057–01469.06.060

瓦器
完

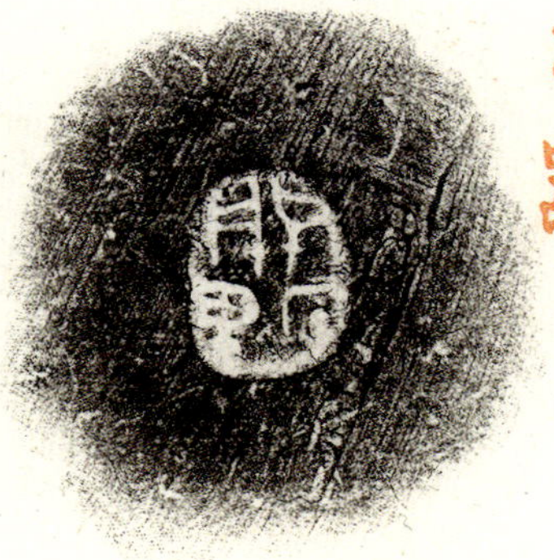

瓦器
完

瓦器

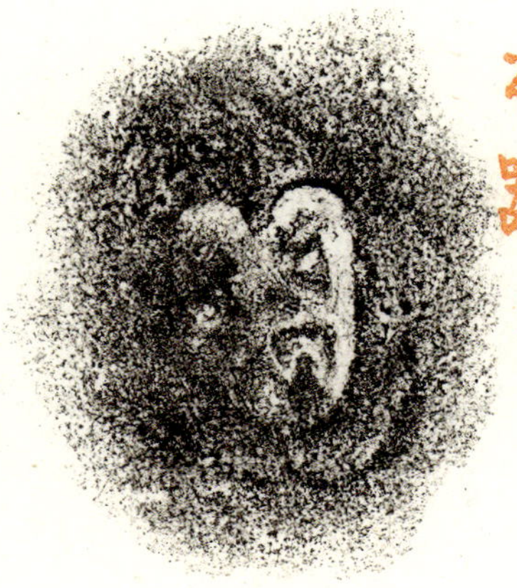

瓦器
完

編號01469.06.061–01469.06.064

瓦器

瓦器

瓦器

瓦器

編號01469.06.065–01469.06.068

瓦器

瓦器

瓦器

瓦器

編號01469.06.069–01469.06.072

瓦器

瓦器

瓦器

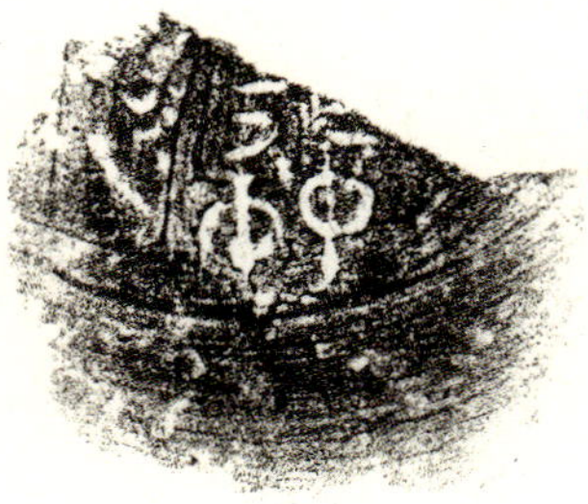

瓦器

編號01469.06.073–01469.06.076

瓦器

瓦器

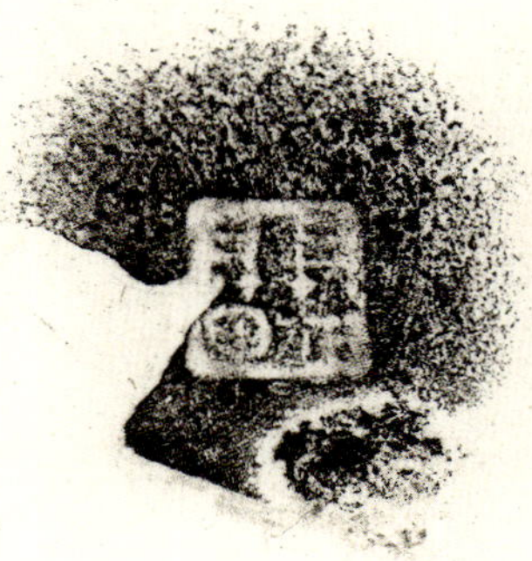

瓦器

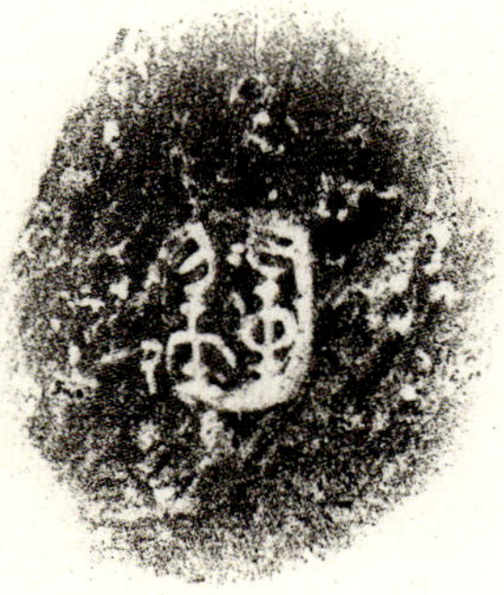

瓦器

編號01469.06.077–01469.06.080

瓦器

瓦器

瓦器

瓦器

編號01469.06.081–01469.06.084

瓦器

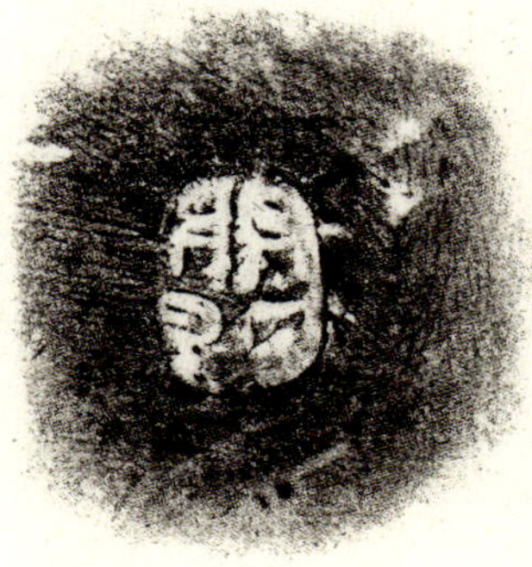

瓦器

瓦器

瓦器

編號01469.06.085–01469.06.088

瓦器

瓦器

瓦器

瓦器

編號01469.06.089–01469.06.092

瓦器

瓦器

瓦器

瓦器

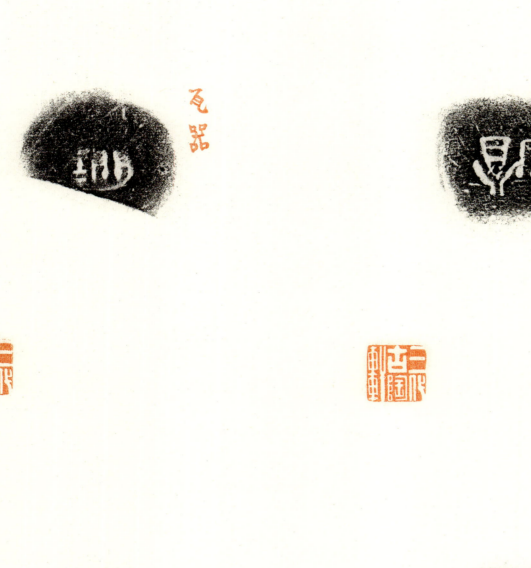

編號01469.06.093–01469.06.096

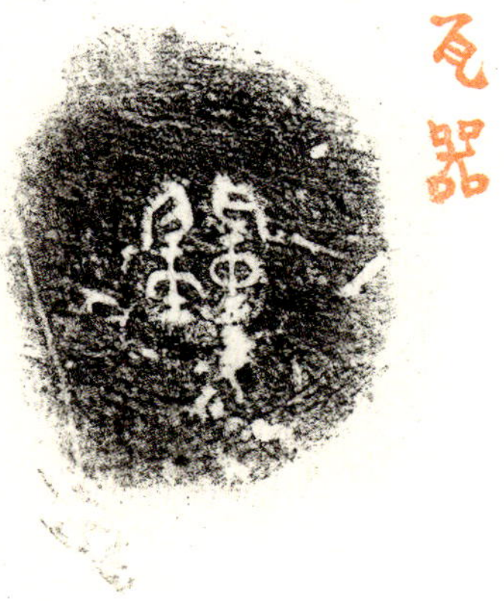

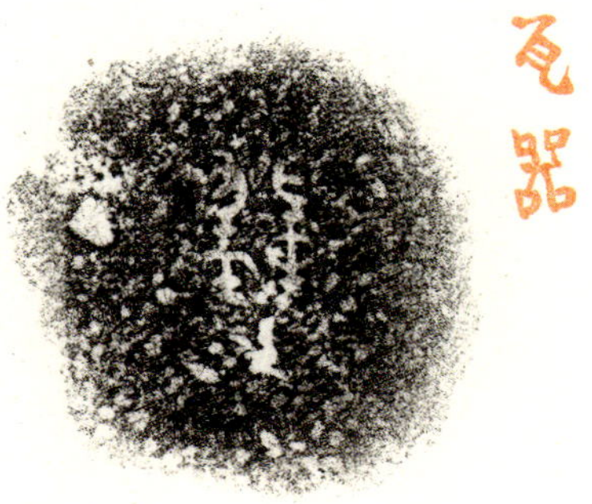

編號01469.06.097–01469.06.100

瓦器

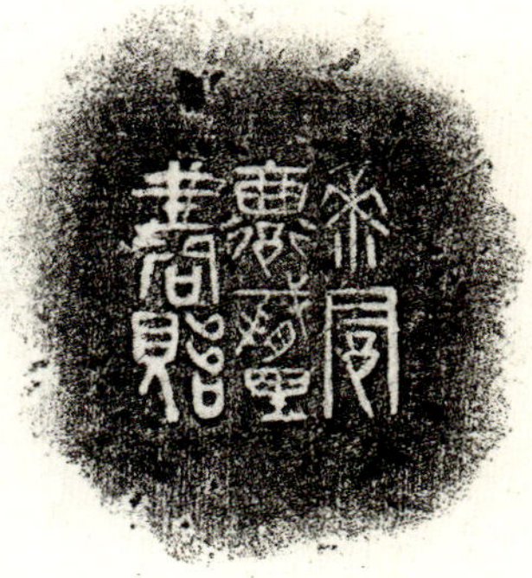

瓦器

瓦器

瓦器

編號01469.06.101–01469.06.104

瓦器

瓦器

瓦器

瓦器

編號01469.06.105–01469.06.108

瓦器

瓦器 完

瓦器

瓦器

編號01469.06.109–01469.06.112

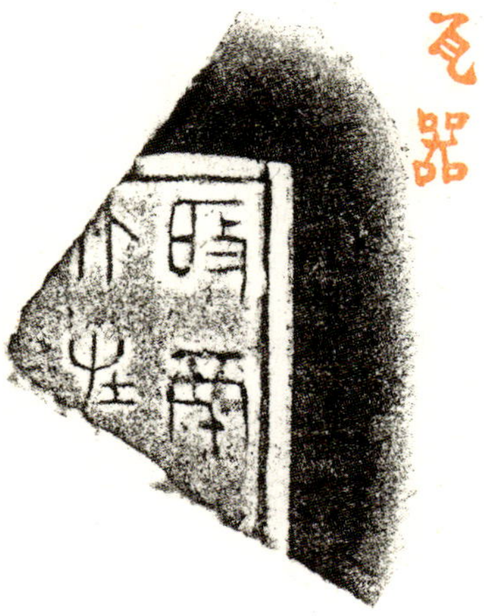

編號01469.06.113–01469.06.116

瓦器

瓦器

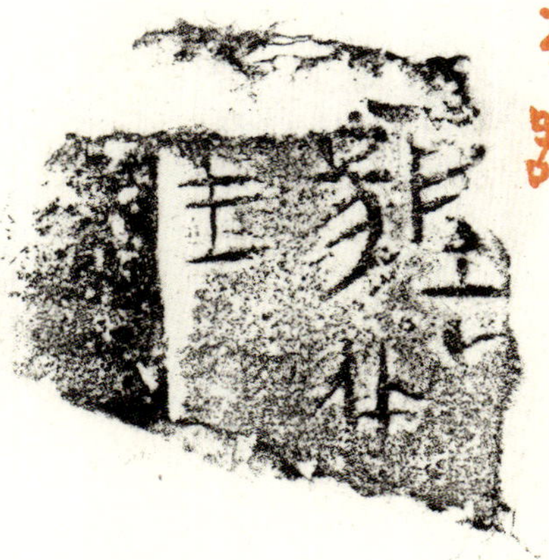

瓦器

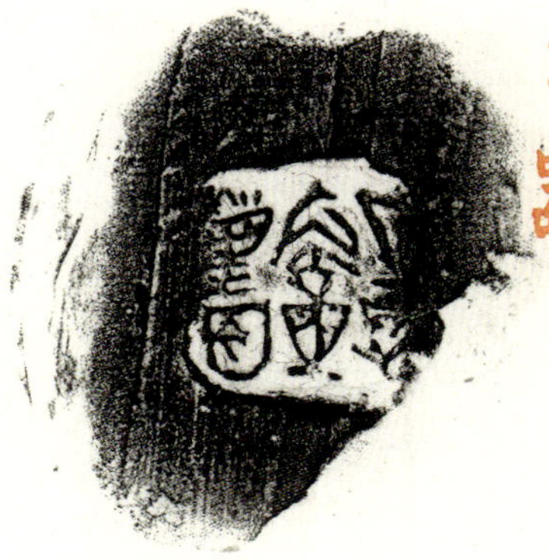

瓦器

編號01469.06.117–01469.06.120

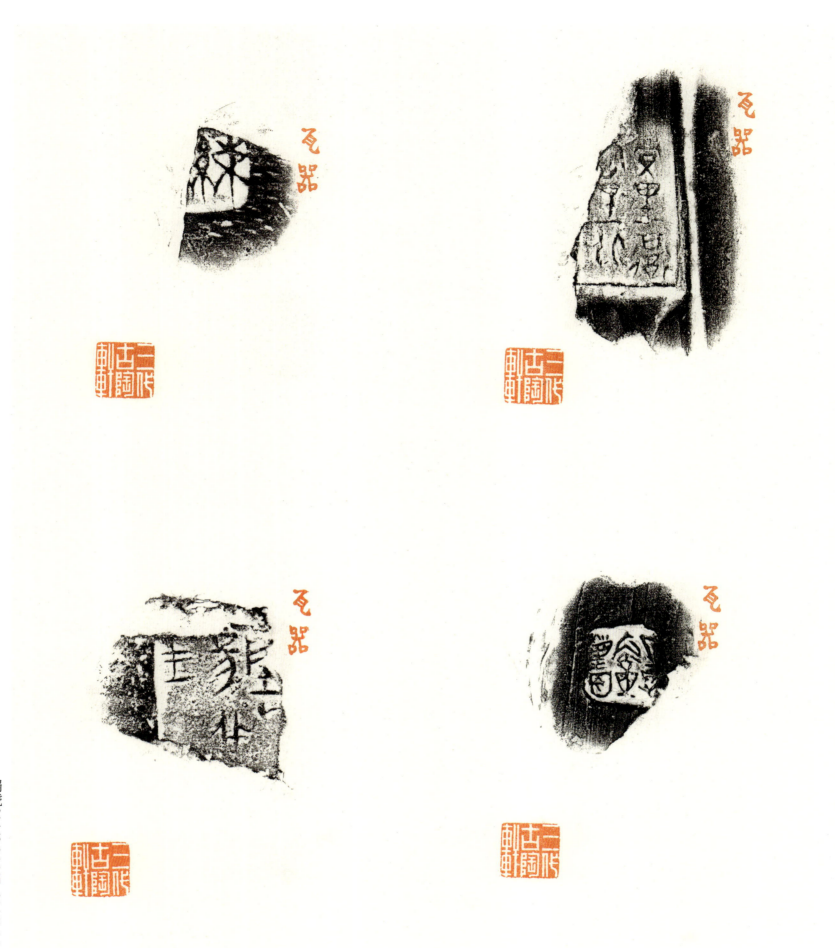

瓦器

瓦器

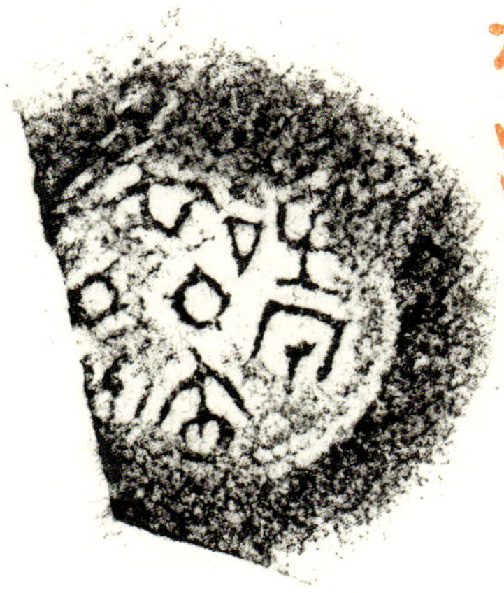

瓦器

瓦器

編號01469.06.121–01469.06.124

瓦器

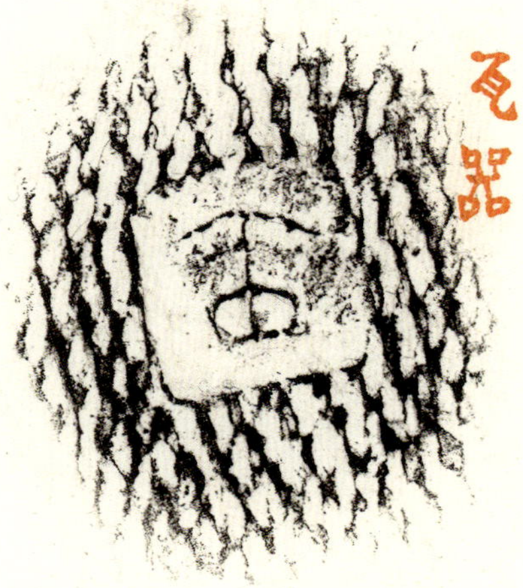

瓦器

瓦器

瓦器

編號01469.06.125–01469.06.128

瓦器

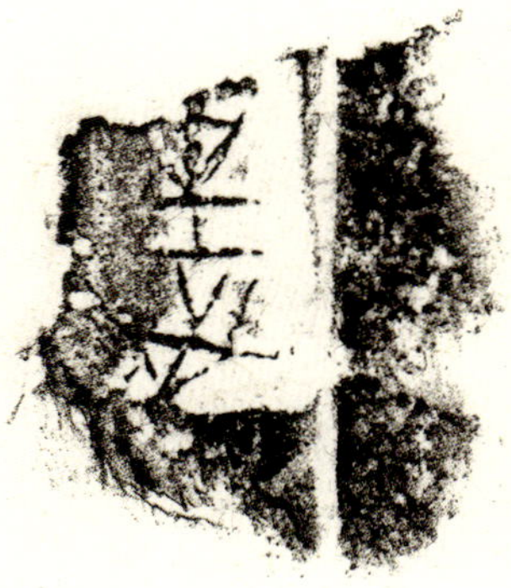

瓦器

瓦器

瓦器

編號01469.06.129–01469.06.132

編號01469.06.133–01469.06.136

瓦器

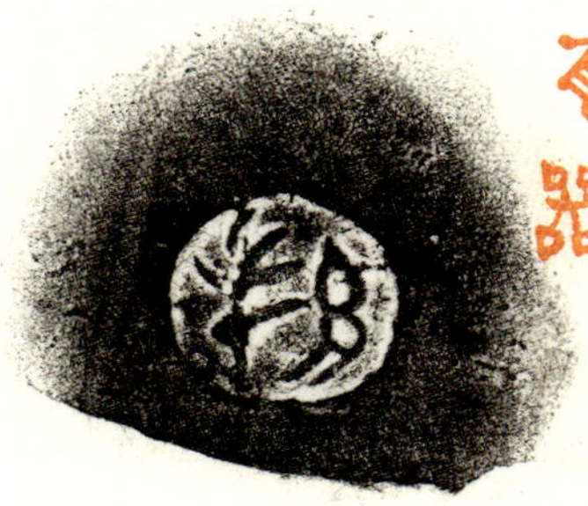

瓦器

瓦器

瓦器

編號01469.06.137–01469.06.140

編號01469.06.141–01469.06.144

瓦器

瓦器

瓦器

瓦器

編號01469.06.145-01469.06.148

瓦器

瓦器

瓦器

瓦器

編號01469.06.149–01469.06.152

瓦器

瓦器

瓦器 完

瓦器

編號01469.06.153–01469.06.156

編號01469.06.157–01469.06.160

瓦器

瓦器

瓦器

瓦器

編號01469.06.161-01469.06.164

瓦器

瓦器

瓦器

瓦器

編號01469.06.165–01469.06.168

瓦器

瓦器

瓦器

瓦器

編號01469.06.169–01469.06.172

瓦器

瓦器

瓦器

瓦器

編號01469.06.173–01469.06.176

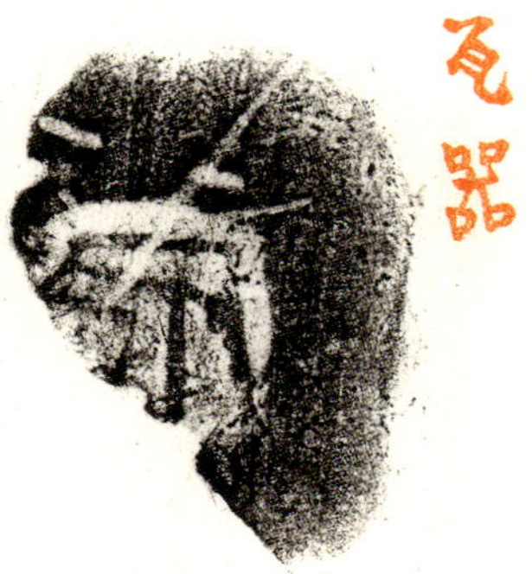

編號01469.06.177–01469.06.180

瓦器

瓦器

瓦器

瓦器

編號01469.06.181–01469.06.184

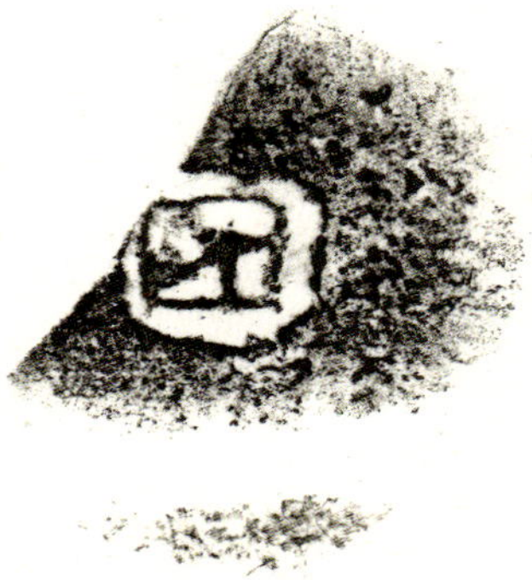

瓦器

瓦器

瓦器

瓦器

編號01469.06.185–01469.06.188

瓦器

瓦器

瓦器

瓦器

編號01469.06.189–01469.06.192

瓦器
完

瓦器

瓦器
完

瓦器
完

編號01469.06.193–01469.06.196

瓦器完

瓦器

瓦器完

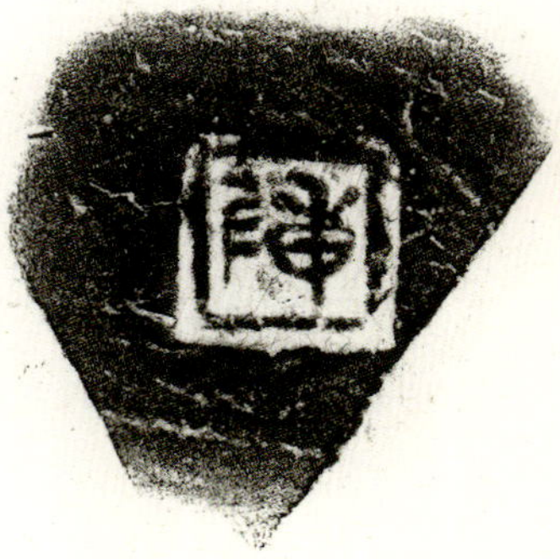

瓦器

編號01469.06.197–01469.06.200

瓦器

瓦器

瓦器

瓦器

編號01469.06.201–01469.06.204

瓦器

瓦器

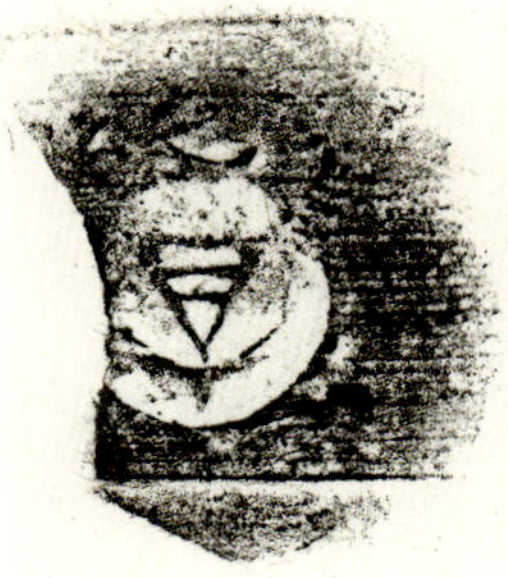

瓦器

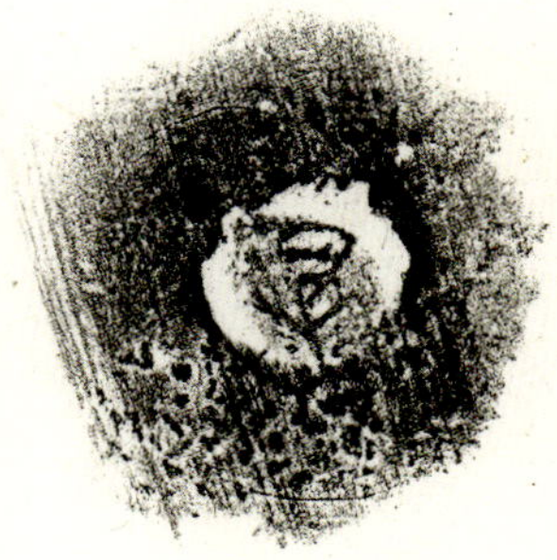

瓦器

編號01469.06.205-01469.06.208

瓦器完

瓦器

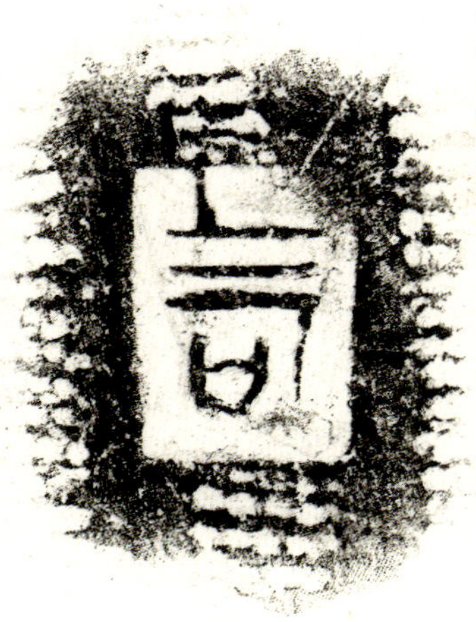

瓦器完

瓦器完

編號01469.06.209–01469.06.212

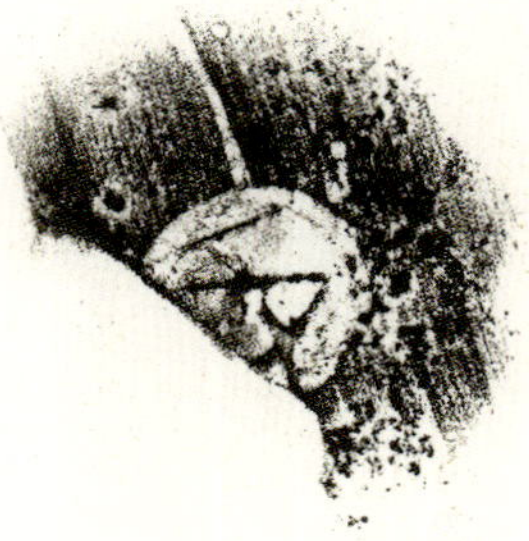

瓦器

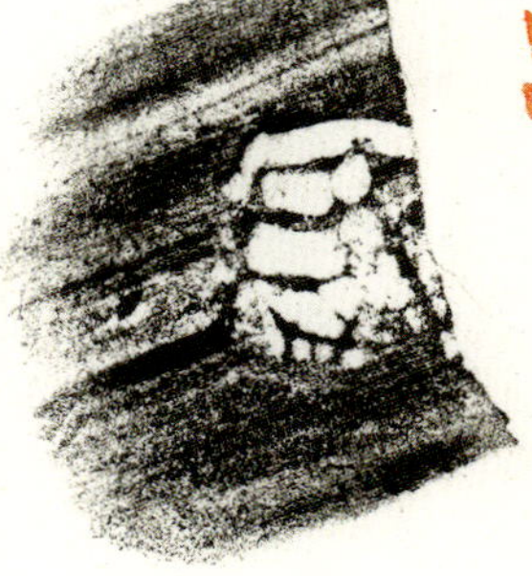

瓦器

瓦器

瓦器

編號01469.06.213–01469.06.216

瓦器

瓦器

瓦器

瓦器

編號01469.06.217–01469.06.220

瓦器

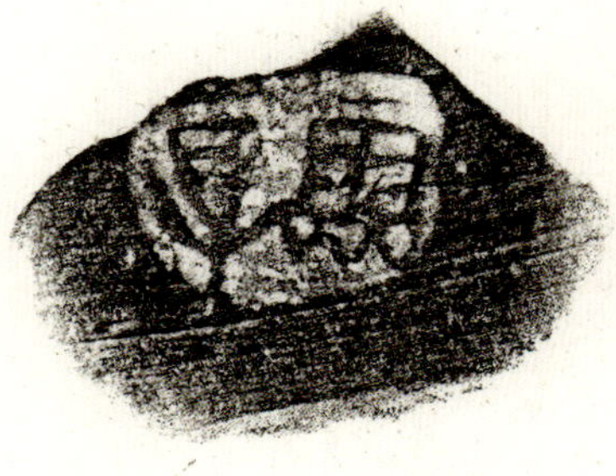

瓦器

瓦器

瓦器

編號01469.06.221–01469.06.224

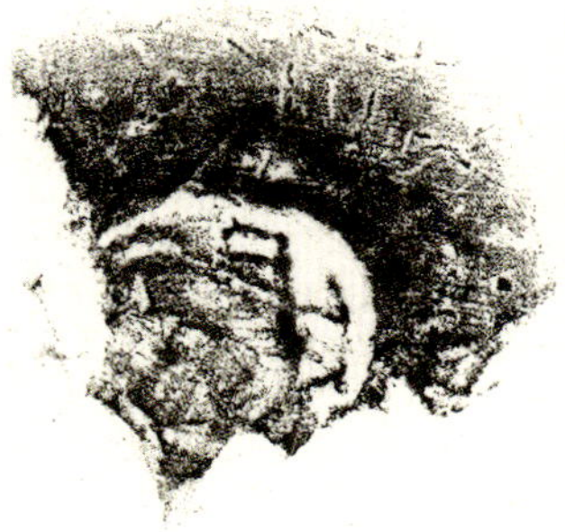

瓦器

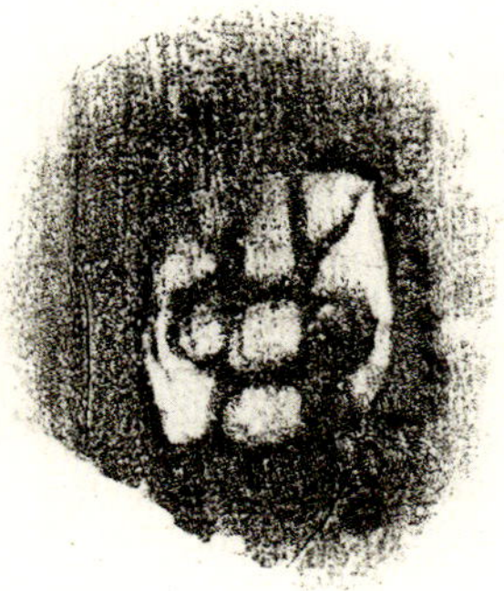

瓦器

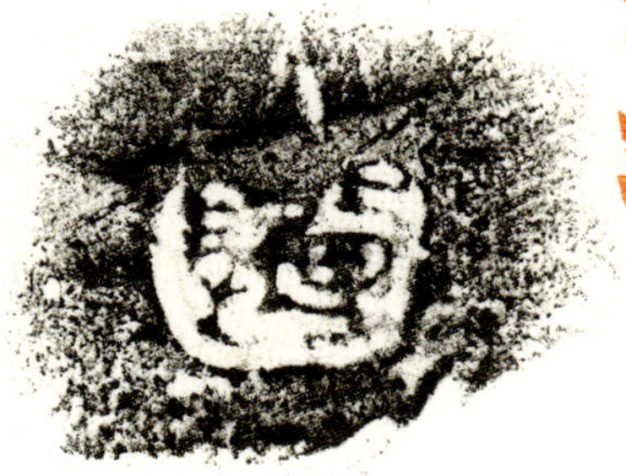

瓦器

瓦器

編號01469.06.225–01469.06.228

瓦器

瓦器

瓦器

瓦器

編號01469.06.229–01469.06.232

瓦器

瓦器

瓦器

瓦器

編號01469.06.233–01469.06.236

瓦器

瓦器

瓦器

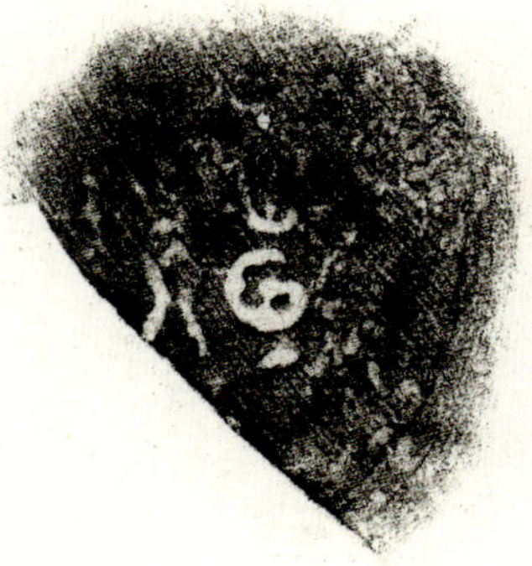

瓦器

編號01469.06.237–01469.06.240

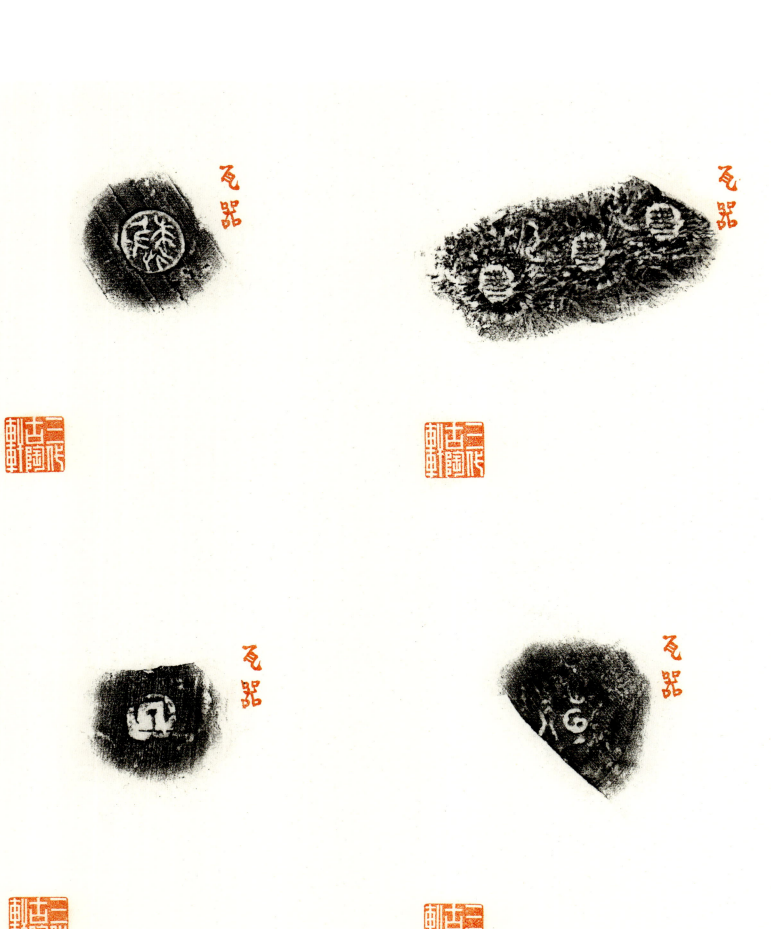

編號01469.06.241-01469.06.244

瓦器

瓦器

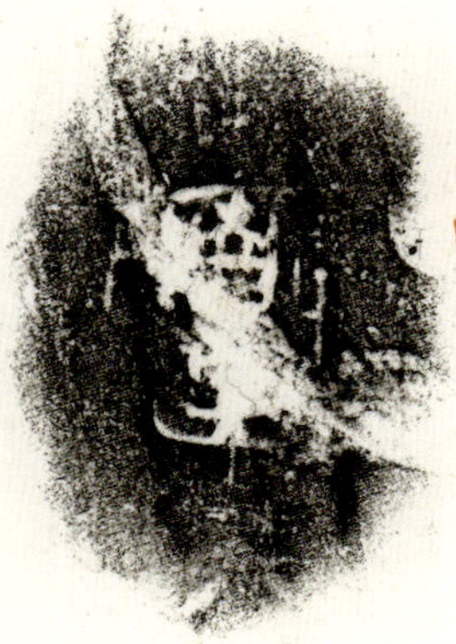
瓦器

瓦器

編號01469.06.245–01469.06.248

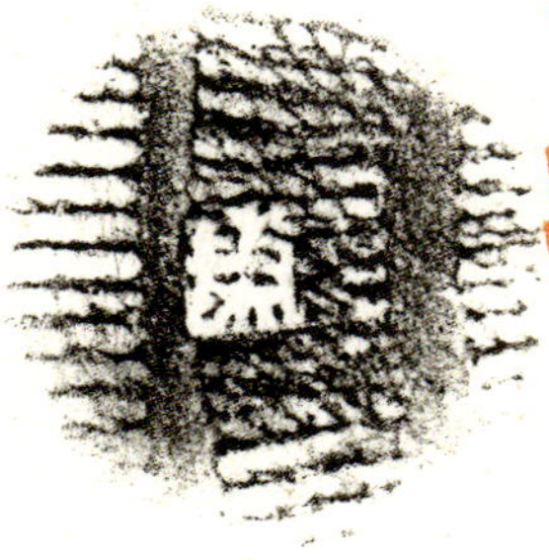

瓦器

瓦器

瓦器

瓦器

編號01469.06.249–01469.06.252

瓦器

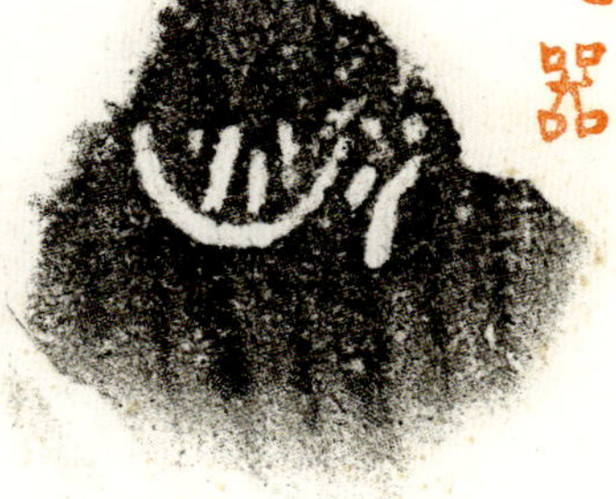
瓦器

瓦器

瓦器

編號01469.06.253–01469.06.256

編號01469.06.257–01469.06.260

瓦器

瓦器

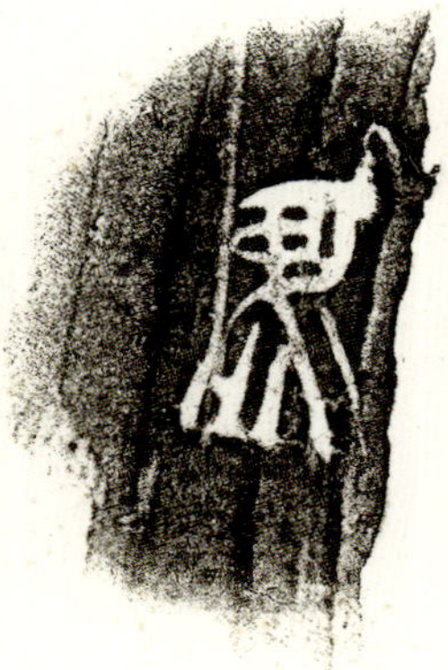

瓦器

瓦器

編號01469.06.261–01469.06.264

編號01469.06.265–01469.06.268

瓦器

瓦器

瓦器

瓦器

編號01469.06.269–01469.06.272

瓦器

瓦器

瓦器

瓦器

編號01469.06.273–01469.06.276

編號01469.06.277–01469.06.280

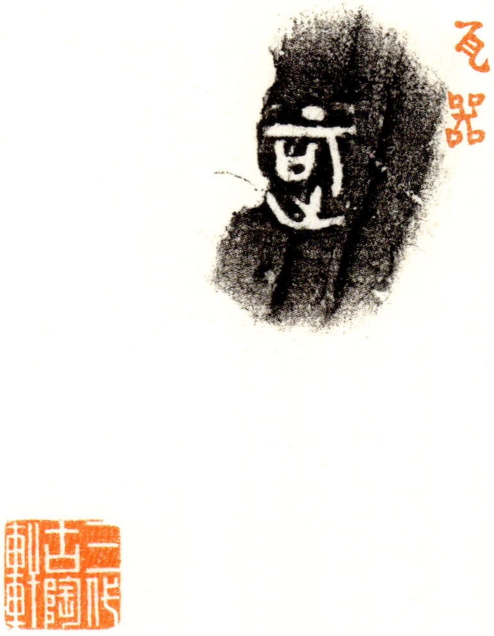

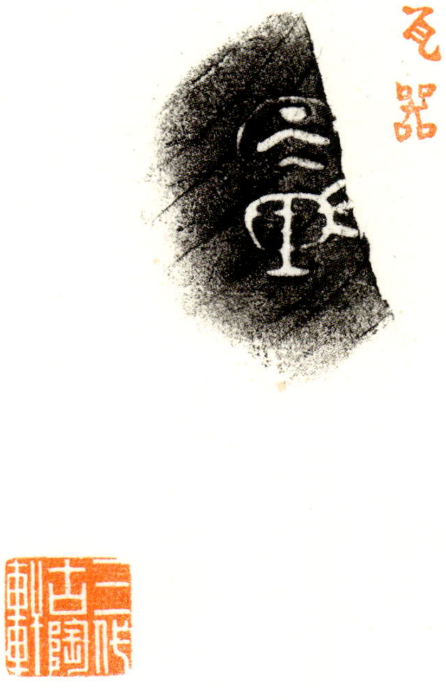

編號01469.06.281—01469.06.284

瓦器

瓦器

瓦器

瓦器

編號01469.06.285–01469.06.288

瓦器

瓦器

瓦器

瓦器

編號01469.06.289–01469.06.292

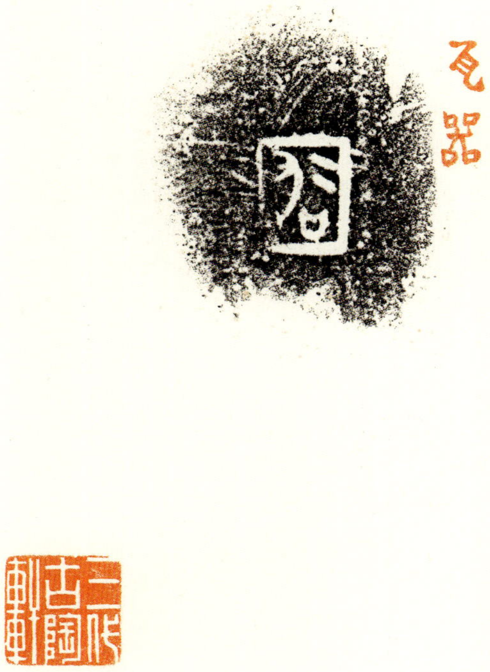

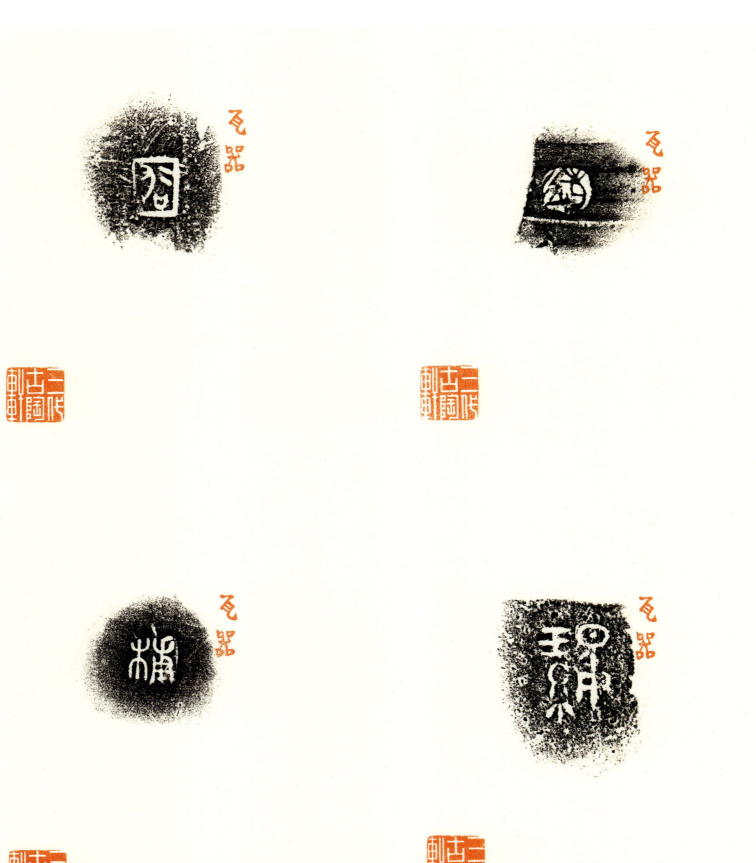

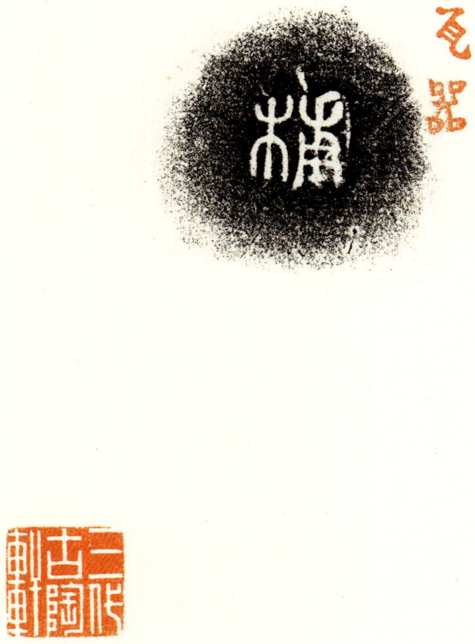

編號01469.06.293–01469.06.296

編號01469.06.297–01469.06.300

編號01469.06.301–01469.06.304

編號01469.06.305–01469.06.308

編號01469.06.309–01469.06.312

瓦器

瓦器

瓦器

瓦器

瓦器

瓦器

瓦器

瓦器

編號01469.06.313–01469.06.316

編號01469.06.317–01469.06.320

瓦登

瓦登

瓦登

瓦登

編號01469.07.001-01469.07.004

瓦登

瓦登

瓦登

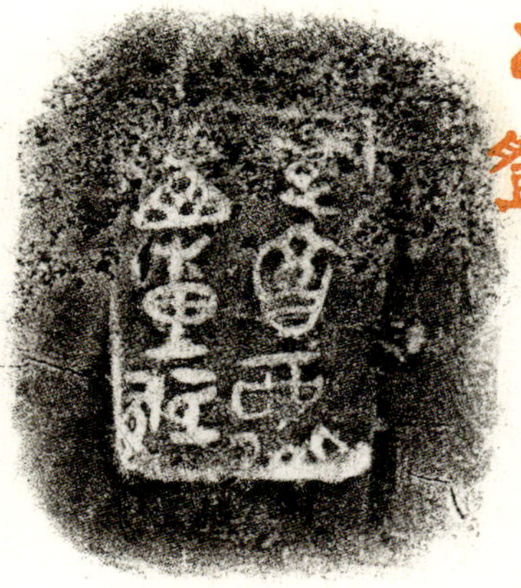

瓦登

編號01469.07.005–01469.07.008

瓦登

瓦登

瓦登

瓦登

編號01469.07.009–01469.07.012

瓦登

瓦登

瓦登

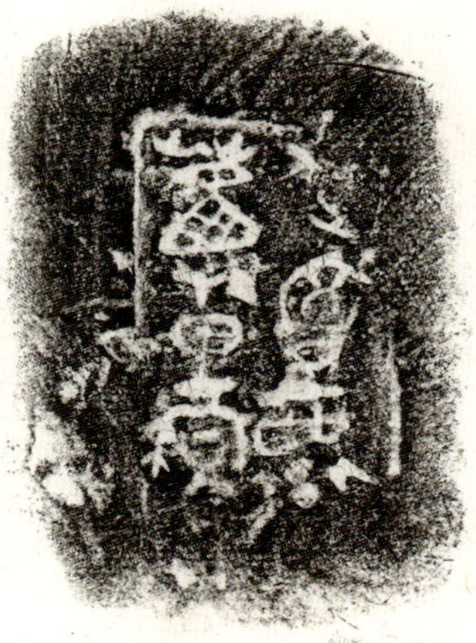

瓦登

編號01469.07.013–01469.07.016

瓦登

瓦登

瓦登

瓦登

編號01469.07.017–01469.07.020

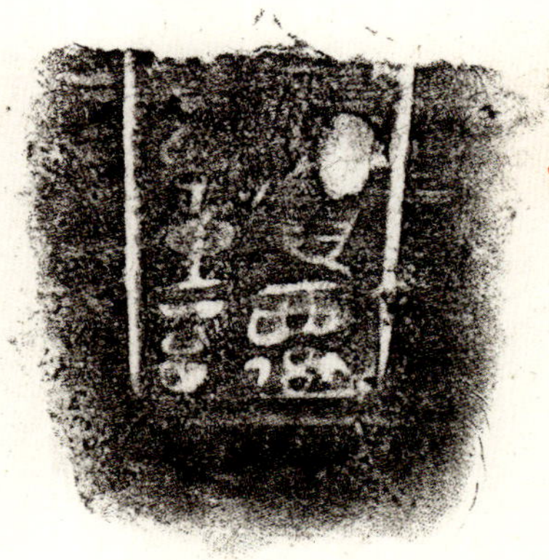

瓦登

瓦登

瓦登

瓦登

編號01469.07.021–01469.07.024

瓦登

瓦登

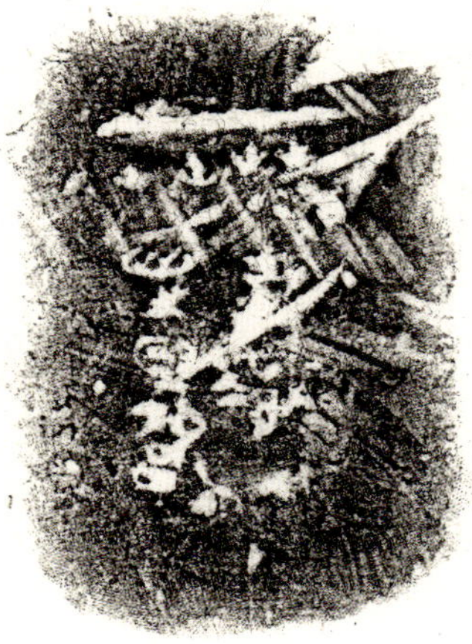

瓦登

瓦登

編號01469.07.025–01469.07.028

瓦登

瓦登

瓦登

瓦登

編號01469.07.029–01469.07.032

瓦登

瓦登

瓦登

瓦登

編號01469.07.033–01469.07.036

瓦登

瓦登

瓦登

瓦登

編號01469.07.037–01469.07.040

瓦登

瓦登

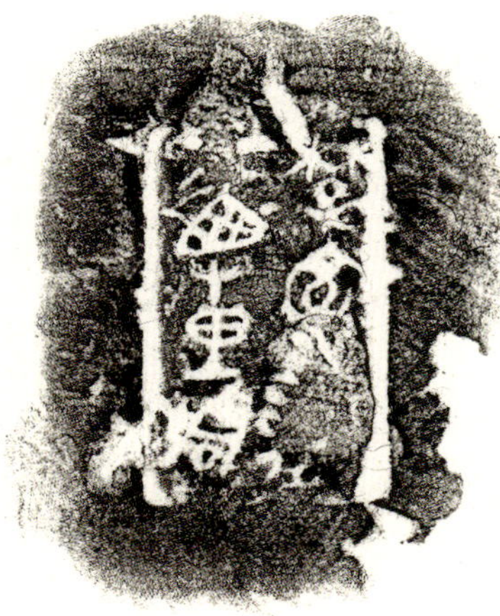

瓦登

瓦登

編號01469.07.041–01469.07.044

瓦登

瓦登

瓦登

瓦登

編號01469.07.045-01469.07.048

瓦登

瓦登

瓦登

瓦登

編號01469.07.049–01469.07.052

瓦登

瓦登

瓦登

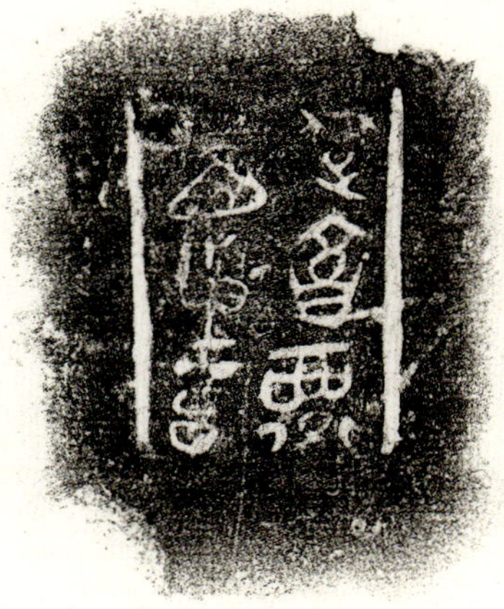

瓦登

編號01469.07.053–01469.07.056

瓦登

瓦登

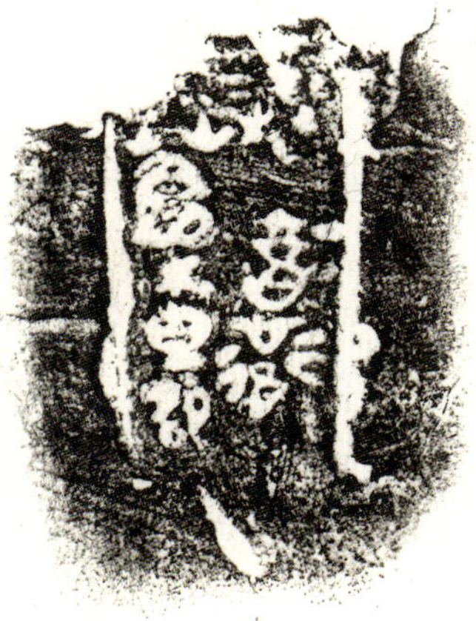

瓦登

瓦登

編號01469.07.057–01469.07.060

瓦登

瓦登

瓦登

瓦登

編號01469.07.061–01469.07.064

瓦登

瓦登

瓦登

瓦登

編號01469.07.065–01469.07.068

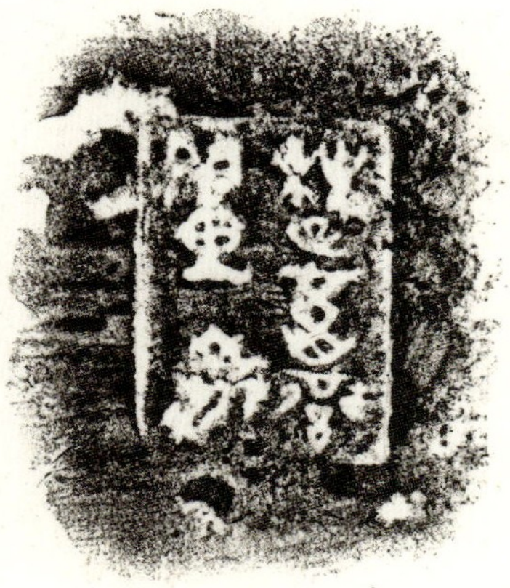

瓦登

瓦登

瓦登

瓦登

編號01469.07.069–01469.07.072

瓦登

瓦登

瓦登

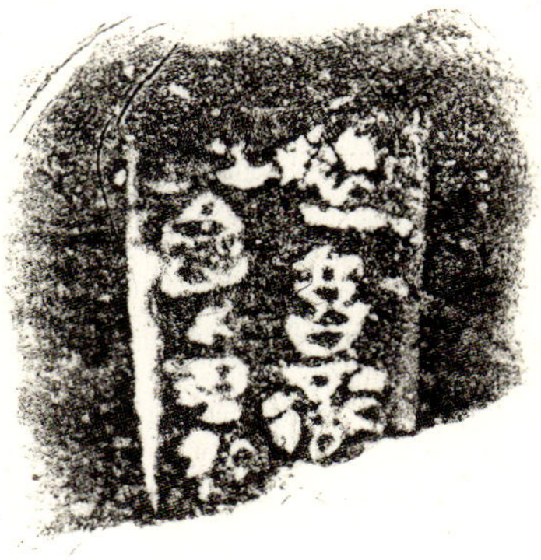

瓦登

編號01469.07.073–01469.07.076

瓦登

瓦登

瓦登

瓦登

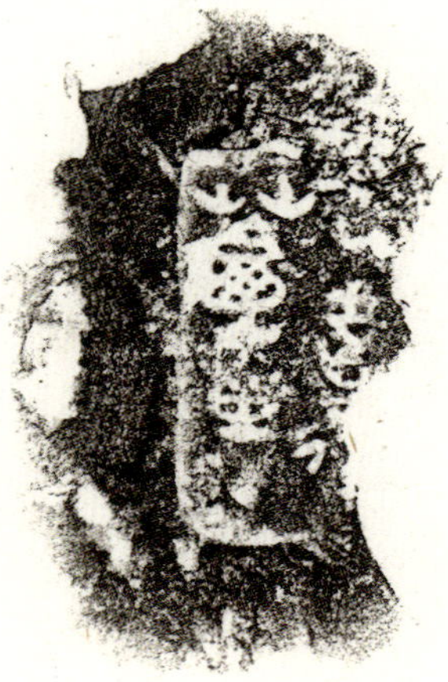

編號01469.07.077–01469.07.080

瓦登

瓦登

瓦登

瓦登

編號01469.07.081–01469.07.084

瓦登

瓦登

瓦登

瓦登

編號01469.07.085—01469.07.088

瓦登

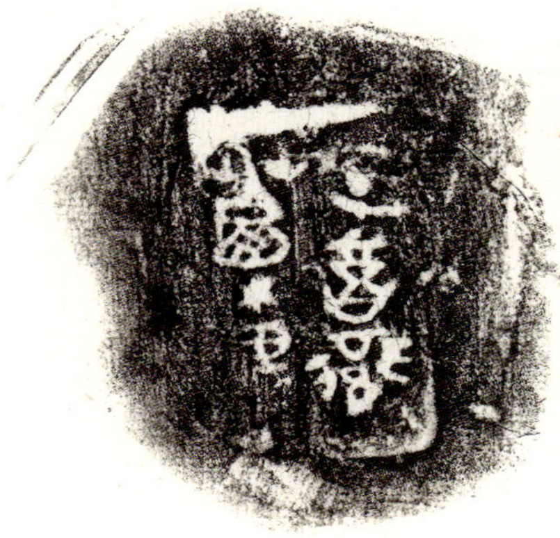

瓦登

瓦登

瓦登

編號01469.07.089–01469.07.092

瓦登

瓦登

瓦登

瓦登

編號01469.07.093–01469.07.096

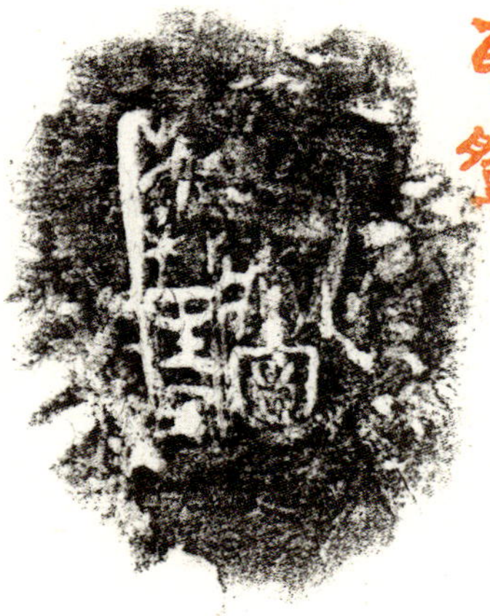

瓦登

瓦登

瓦登

瓦登

編號01469.07.097–01469.07.100

瓦登

瓦登

瓦登

瓦登

編號01469.07.101–01469.07.104

瓦登

瓦登

瓦登

瓦登

編號01469.07.105–01469.07.108

瓦登

瓦登

瓦登

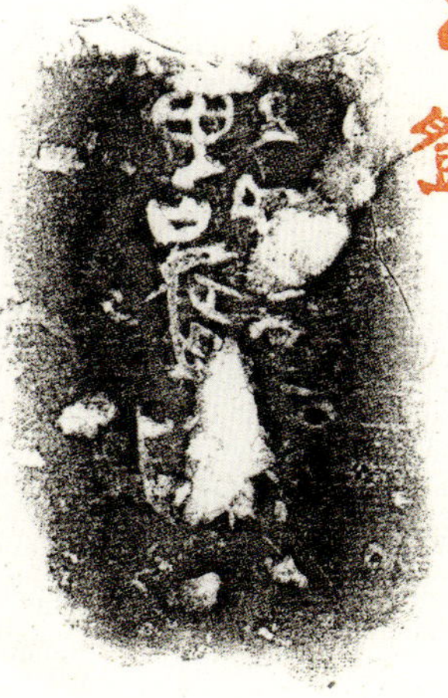

瓦登

編號01469.07.109–01469.07.112

瓦登

瓦登

瓦登

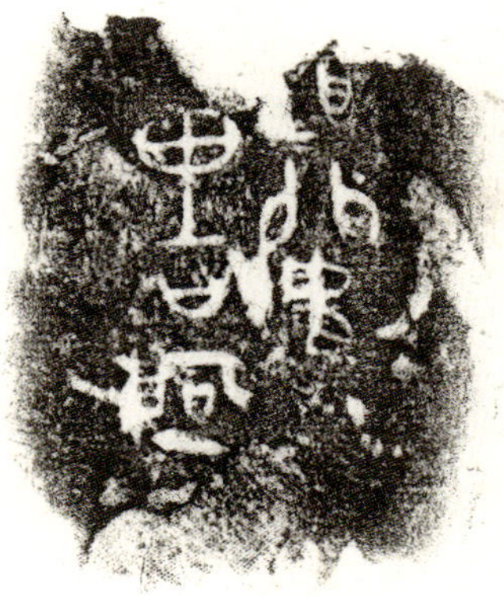

瓦登

編號01469.07.113–01469.07.116

瓦登

瓦登

瓦登

瓦登

編號01469.07.117–01469.07.120

瓦登

二代古陶軒

瓦登

二代古陶軒

瓦登

二代古陶軒

瓦登

二代古陶軒

編號01469.07.121–01469.07.124

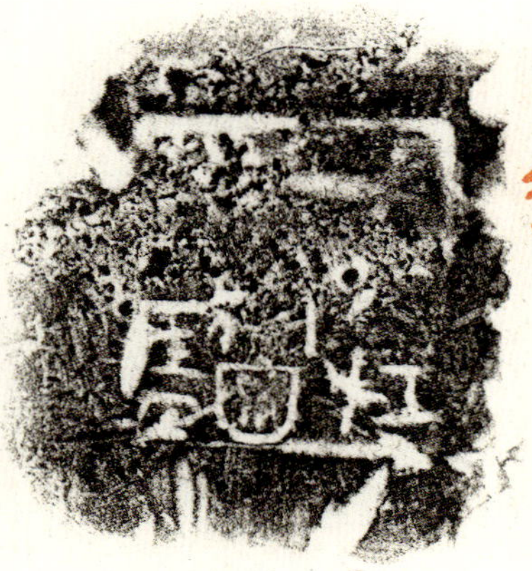

瓦登

瓦登

瓦登

瓦登

編號01469.07.125–01469.07.128

瓦登

瓦登

瓦登

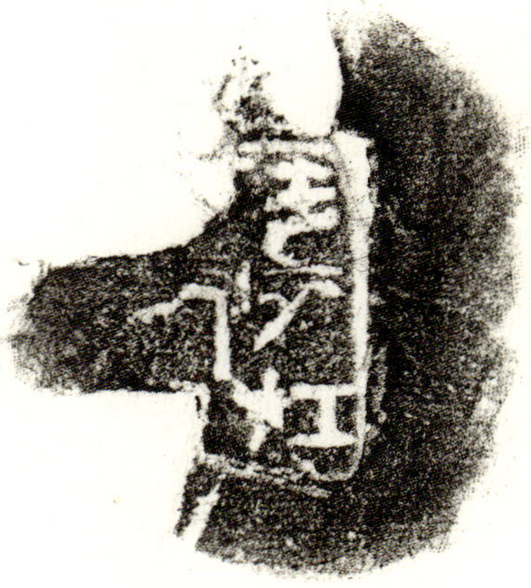

瓦登

編號01469.07.129–01469.07.132

瓦登

瓦登

瓦登

瓦登

編號01469.07.133–01469.07.136

瓦登

瓦登完

瓦登

瓦登

編號01469.07.137–01469.07.140

瓦登

瓦登

瓦登

瓦登

編號01469.07.141—01469.07.144

瓦登

瓦登

瓦登

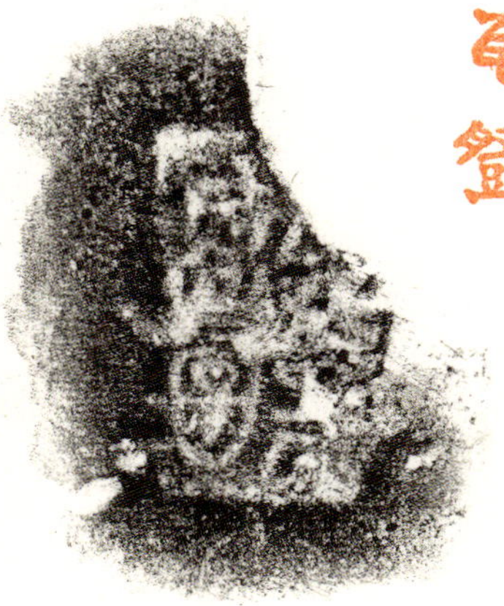

瓦登

編號01469.07.145–01469.07.148

瓦登

瓦登

瓦登

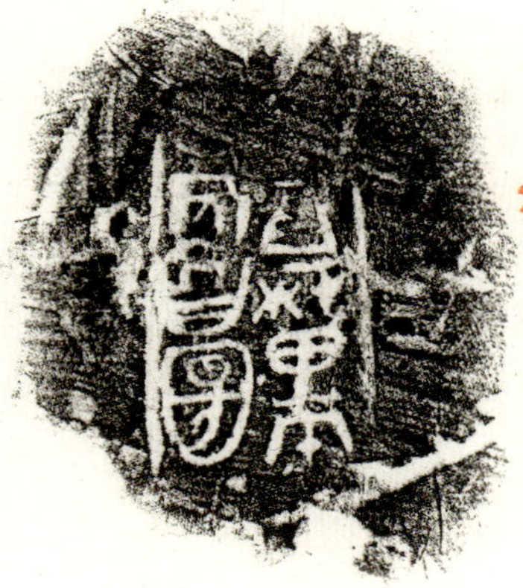

瓦登

編號01469.07.149–01469.07.152

瓦登

瓦登

瓦登

瓦登

編號01469.07.153-01469.07.156

瓦登

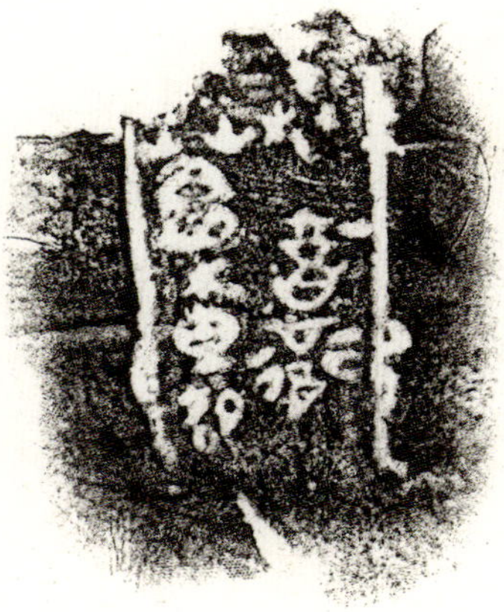

瓦登

瓦登

瓦登

編號01469.07.157–01469.07.160

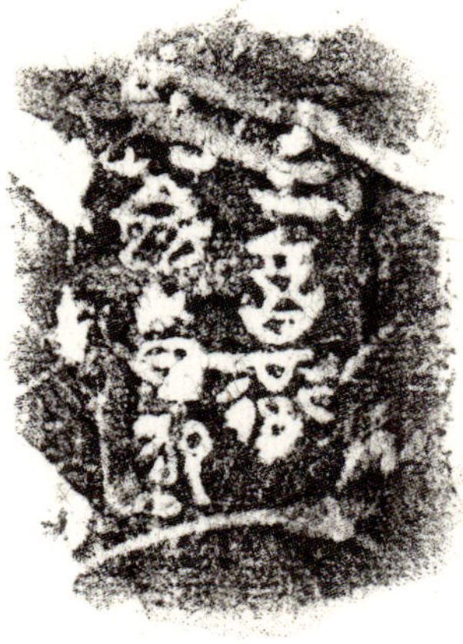

瓦登

瓦登

瓦登

瓦登

編號01469.07.161–01469.07.164

瓦登

瓦登

瓦登

瓦登

編號01469.07.165-01469.07.168

瓦登

瓦登

瓦登

瓦登

編號01469.07.169–01469.07.172

瓦登

瓦登

瓦登

瓦登

編號01469.07.173–01469.07.176

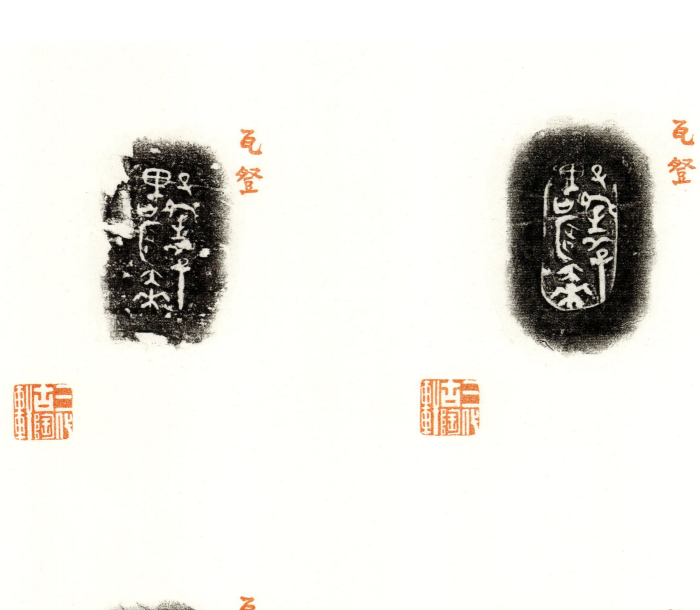

瓦登

瓦登

瓦登

瓦登

編號01469.07.177–01469.07.180

瓦登

瓦登

瓦登

瓦登

編號01469.07.181-01469.07.184

瓦登

瓦登

瓦登

瓦登

編號01469.07.185–01469.07.188

瓦登

瓦登

瓦登

瓦登

編號01469.07.189–01469.07.192

瓦登

瓦登

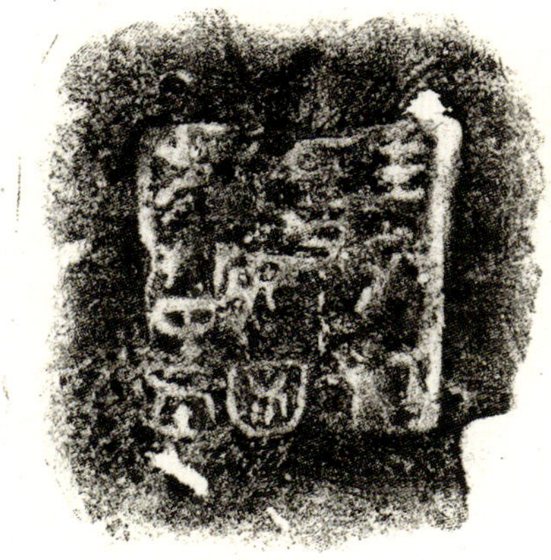

瓦登

瓦登

編號01469.07.193–01469.07.196

瓦登

瓦登

瓦登

瓦登

編號01469.07.197–01469.07.200

瓦登

瓦登

瓦登

瓦登

編號01469.07.201–01469.07.204

瓦登

瓦登

瓦登

瓦登

編號01469.07.205–01469.07.208

瓦登

瓦登

瓦登

瓦登

編號01469.07.209–01469.07.212

瓦登

瓦登

瓦登

瓦登

編號01469.07.213–01469.07.216

瓦登

瓦登

瓦登

瓦登

編號01469.07.217–01469.07.220

瓦登

瓦登

瓦登

瓦登

編號01469.07.221–01469.07.224

瓦登

瓦登

瓦登

瓦登

編號01469.07.225–01469.07.228

瓦登

瓦登

瓦登

瓦登

編號01469.07.229–01469.07.232

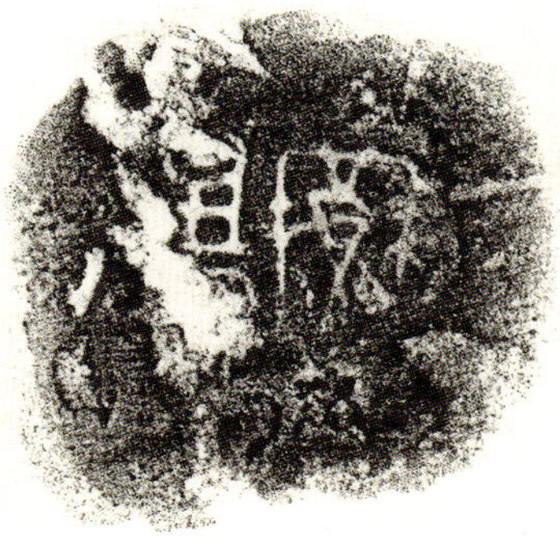

瓦登

瓦登

瓦登

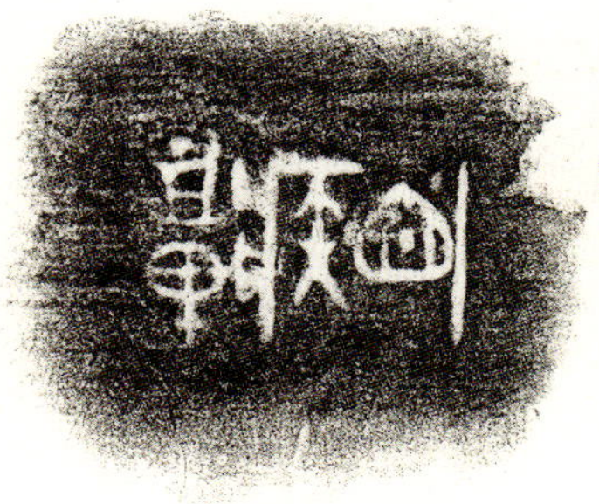

瓦登

編號01469.07.233–01469.07.236

瓦登

瓦登

瓦登

瓦登

編號01469.07.237–01469.07.240

瓦登

瓦登

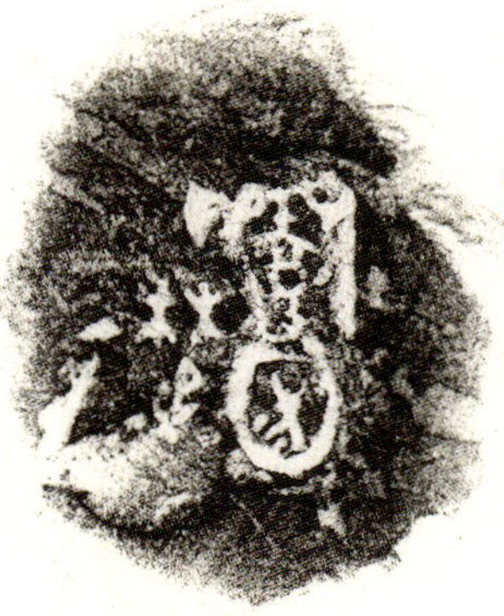

瓦登

瓦登

編號01469.07.241-01469.07.244

瓦登

瓦登

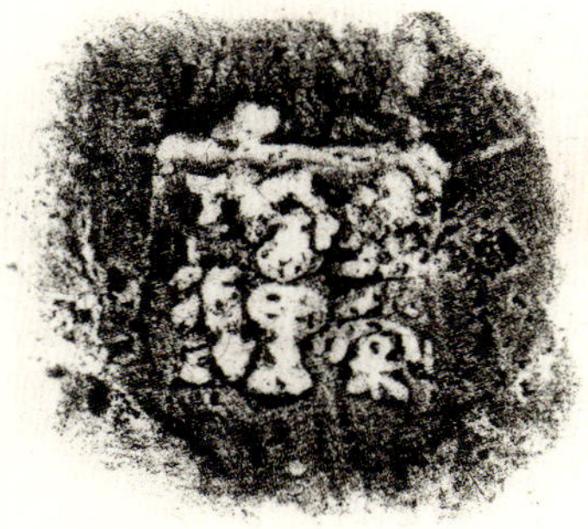

瓦登

瓦登

編號01469.07.245–01469.07.248

瓦登

瓦登

瓦登

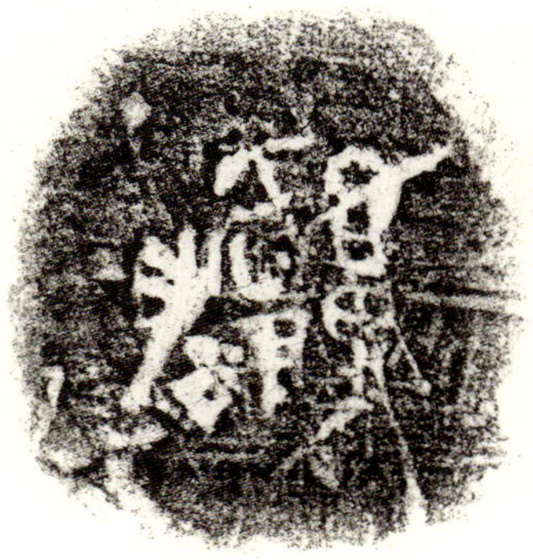

瓦登

編號01469.07.249–01469.07.252

編號01469.07.253–01469.07.256

瓦登

瓦登

瓦登

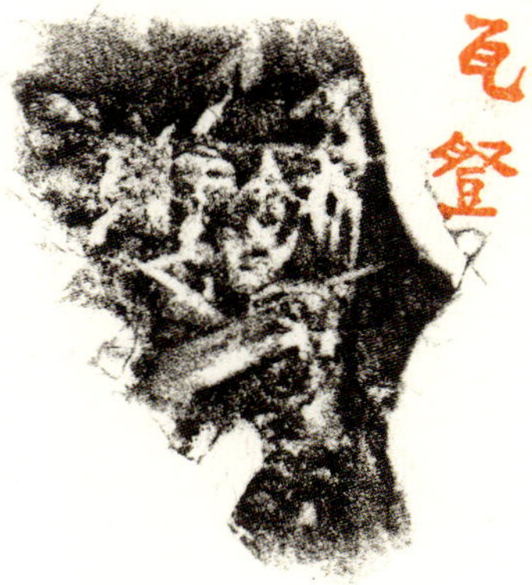

瓦登

編號01469.07.257–01469.07.260

瓦登

瓦登

瓦登

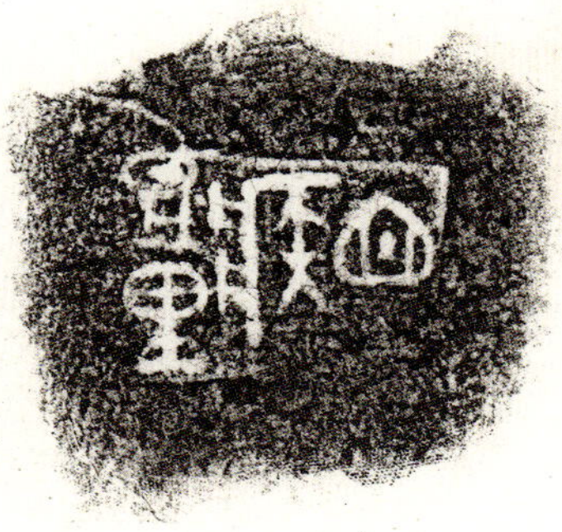

瓦登

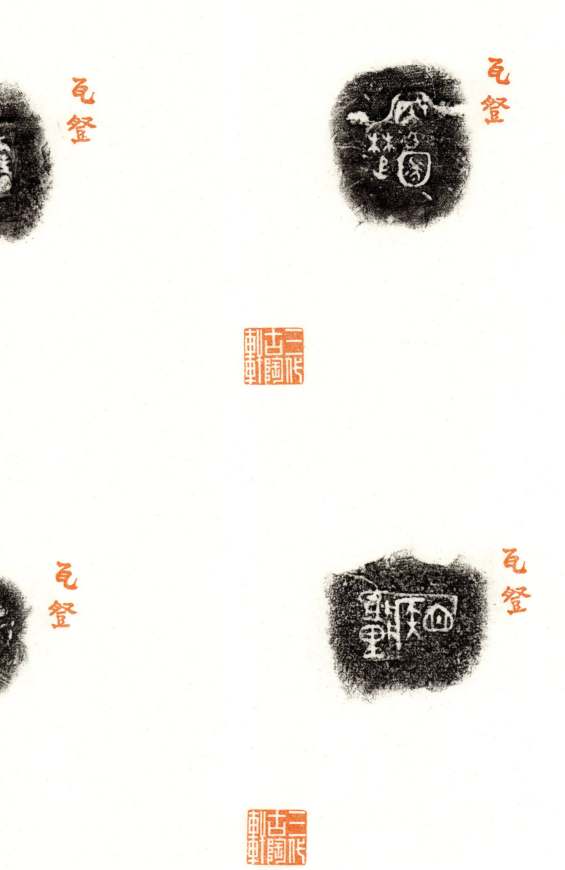

編號01469.07.261–01469.07.264

瓦登

瓦登

瓦登

瓦登

編號01469.07.265–01469.07.268

瓦登

瓦登

瓦登

瓦登

編號01469.07.269–01469.07.272

瓦登

瓦登

瓦登

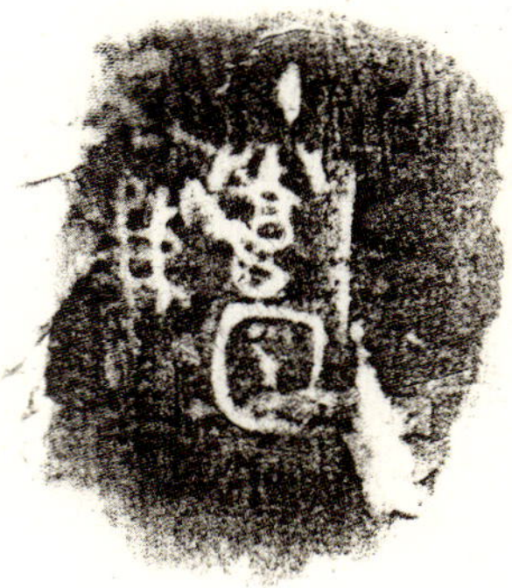

瓦登

編號01469.07.273–01469.07.276

瓦登

瓦登

瓦登

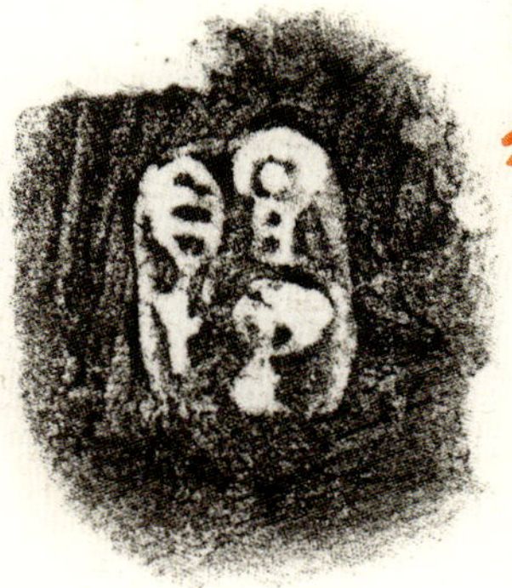

瓦登

編號01469.07.277–01469.07.280

瓦登

瓦登

瓦登

瓦登

編號01469.07.281–01469.07.284

瓦登

瓦登

瓦登

瓦登

編號01469.07.285-01469.07.288

瓦登

瓦登

瓦登

瓦登

編號01469.07.289–01469.07.292

瓦登

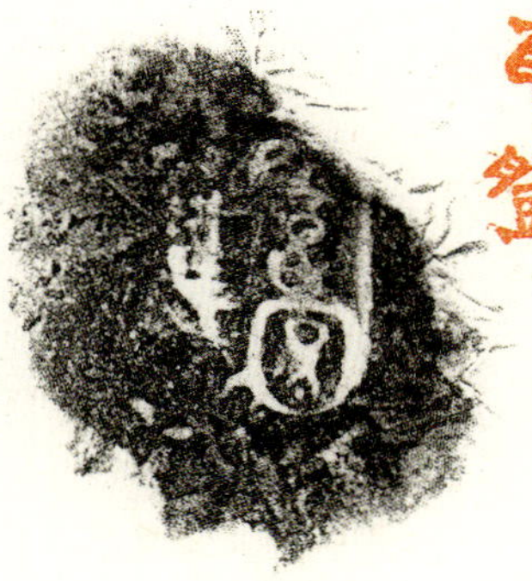

瓦登

瓦登

瓦登

編號01469.07.293–01469.07.296

瓦登

瓦登

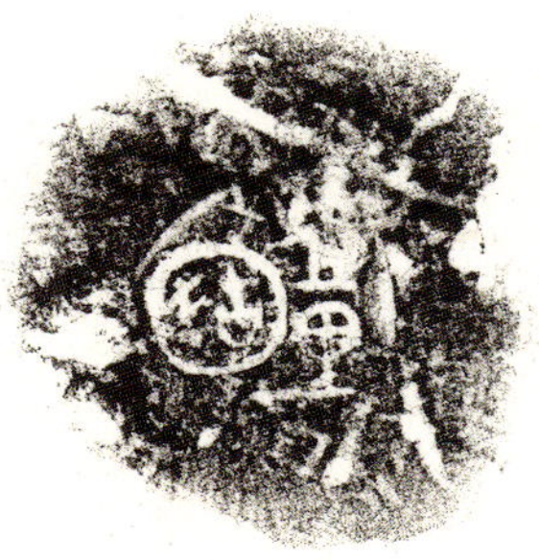

瓦登

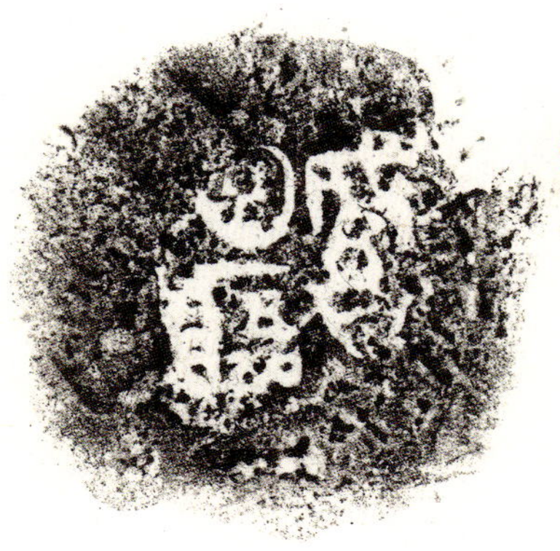

瓦登

編號01469.07.297–01469.07.300

瓦登

瓦登

瓦登

瓦登

編號01469.07.301–01469.07.304

編號01469.07.305–01469.07.308

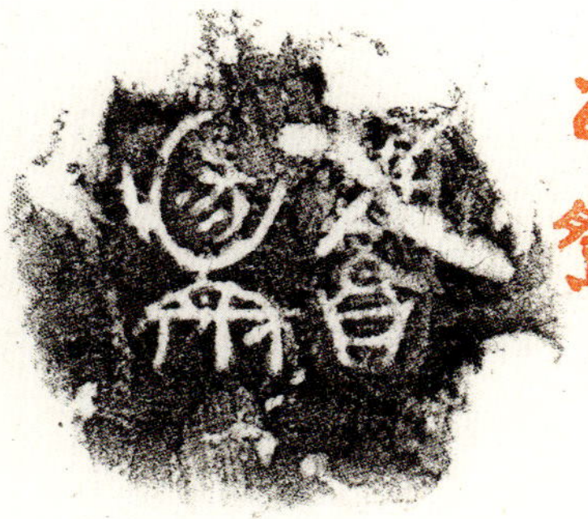

瓦登

瓦登

瓦登

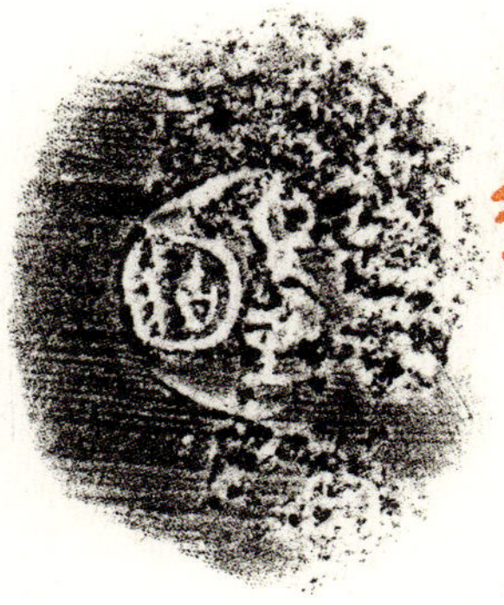

瓦登

編號01469.07.309–01469.07.312

瓦登

瓦登

瓦登

瓦登

編號01469.07.313–01469.07.316

瓦登

瓦登

瓦登

瓦登

編號01469.07.317–01469.07.320

瓦登

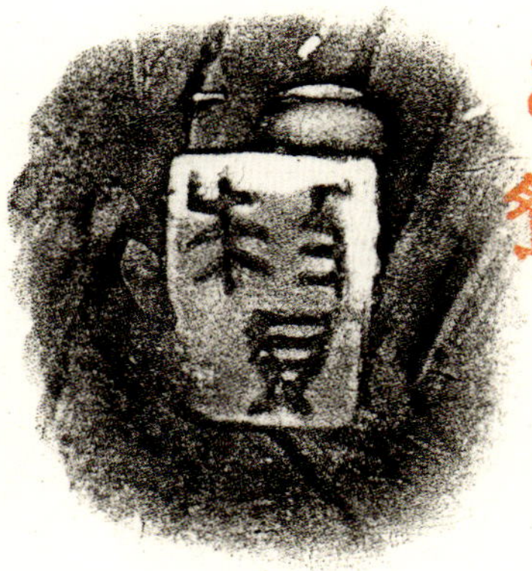

瓦登

瓦登

瓦登

編號01469.08.001–01469.08.004

瓦登

瓦登

瓦登完

瓦登

編號01469.08.005–01469.08.008

瓦登

瓦登完

瓦登

瓦登

編號01469.08.009-01469.08.012

瓦登

瓦登

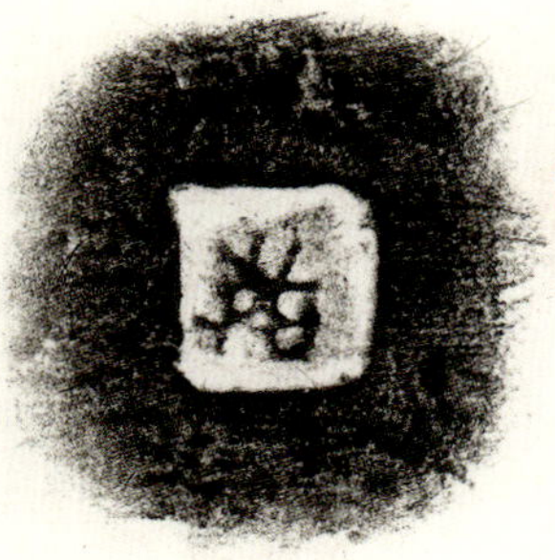

瓦登

瓦登

編號01469.08.013–01469.08.016

瓦登

瓦登

瓦登

瓦登

編號01469.08.017–01469.08.020

瓦登

瓦登

瓦登

瓦登

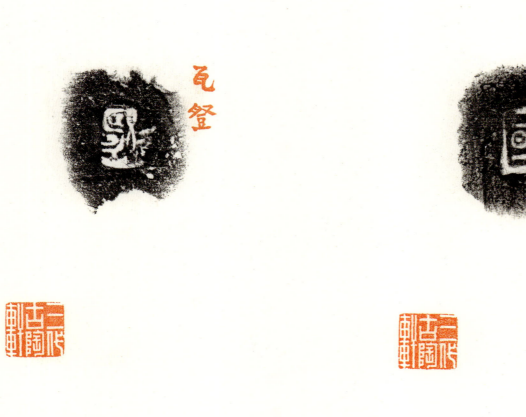

編號01469.08.021−01469.08.024

瓦登

瓦登

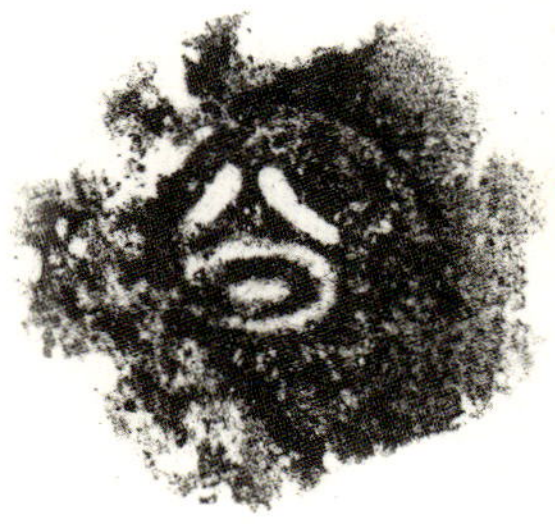

瓦登

瓦登

編號01469.08.025–01469.08.028

瓦登

瓦登

瓦登

瓦登

編號01469.08.029–01469.08.032

瓦登

瓦登

瓦登

瓦登

編號01469.08.033–01469.08.036

瓦登

瓦登

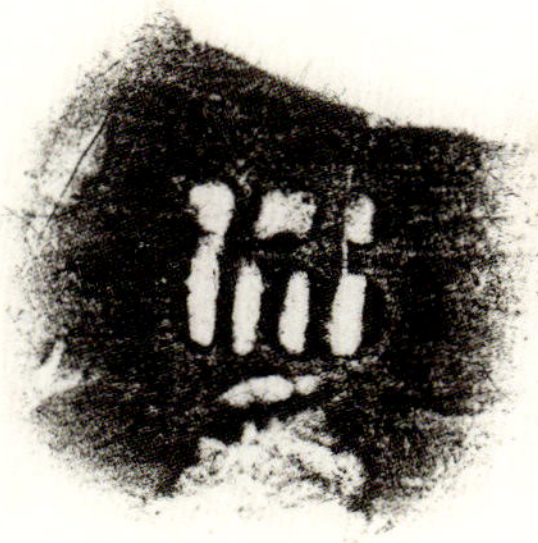

瓦登

瓦登

編號01469.08.037–01469.08.040

瓦登

瓦登

瓦登

瓦登

編號01469.08.041—01469.08.044

瓦登

瓦登

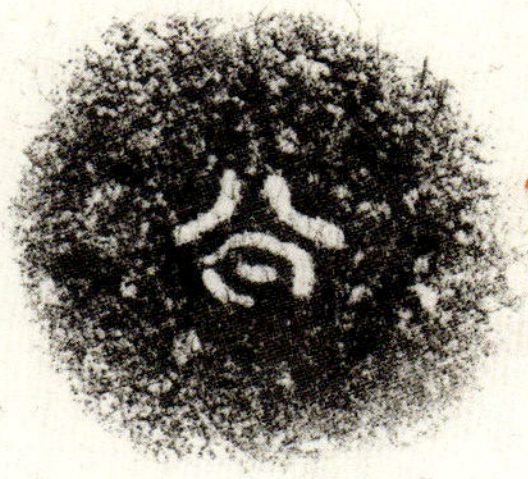

瓦登

瓦登

編號01469.08.045–01469.08.048

瓦登

瓦登

瓦登

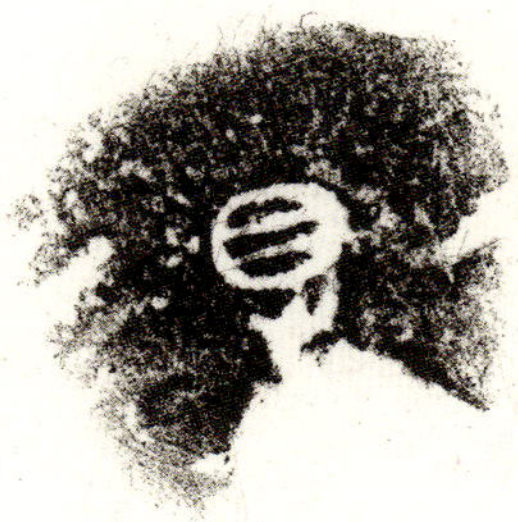

瓦登

編號01469.08.049–01469.08.052

瓦登

瓦登

瓦登

瓦登

編號01469.08.053–01469.08.056

瓦登

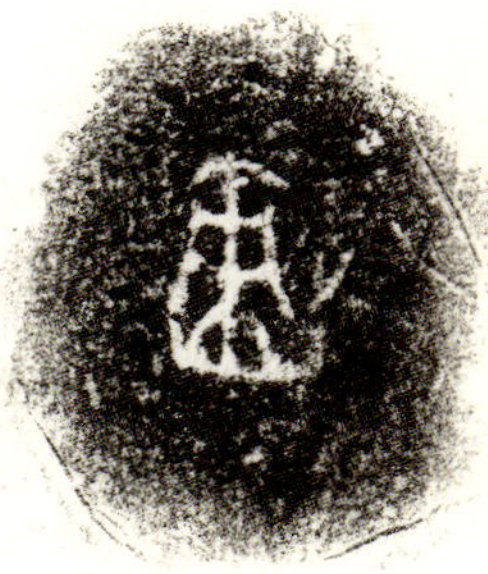

瓦登

瓦登

瓦登

編號01469.08.057–01469.08.060

瓦登

三代古陶軒

瓦登

三代古陶軒

瓦登

三代古陶軒

瓦登

三代古陶軒

編號01469.08.061–01469.08.064

瓦登

瓦登

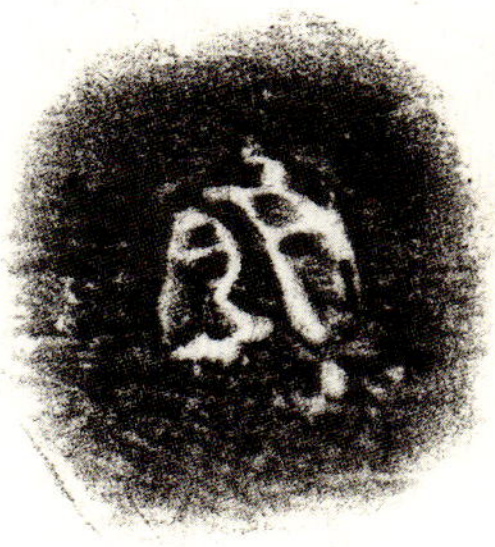

瓦登

瓦登

編號01469.08.065–01469.08.068

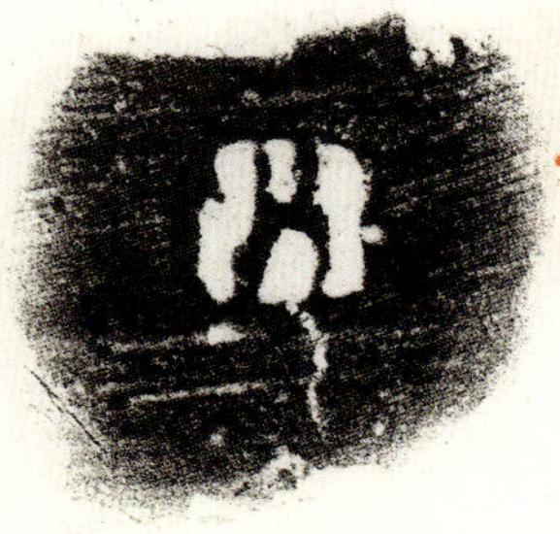

瓦登

瓦登

瓦登

瓦登

編號01469.08.069–01469.08.072

瓦登

瓦登

瓦登

瓦登

編號01469.08.073–01469.08.076

匋登

匋登

匋登

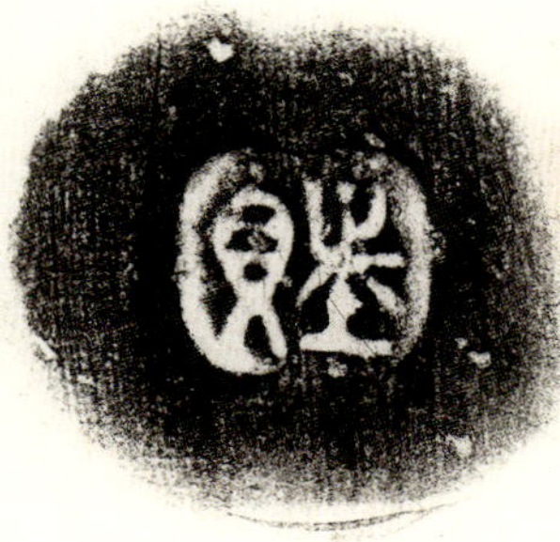

匋登

編號01469.08.077–01469.08.080

瓦登

瓦登

瓦登

瓦登

編號01469.08.081–01469.08.084

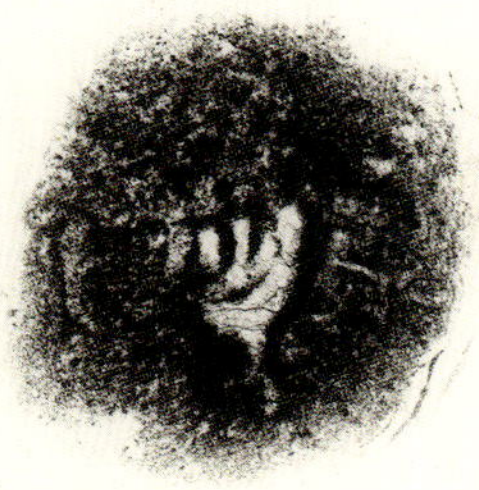

瓦登

瓦登

瓦登

瓦登

編號01469.08.085–01469.08.088

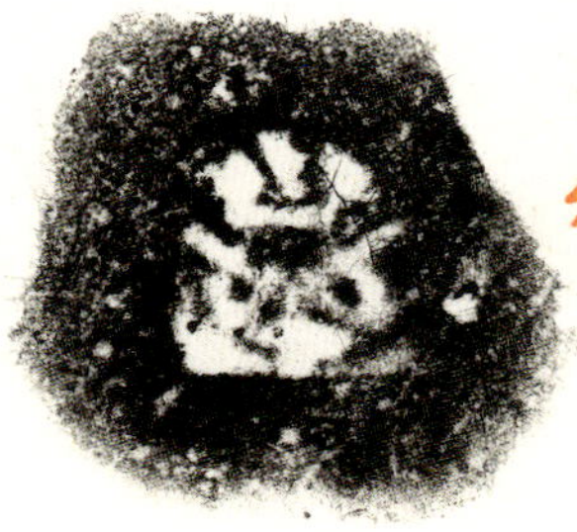

瓦登

瓦登

瓦登

瓦登

編號01469.08.089–01469.08.092

瓦登

瓦登

瓦登

瓦登

編號01469.08.093–01469.08.096

瓦登

瓦登

瓦登

瓦登

編號01469.08.097–01469.08.100

瓦登

瓦登

瓦登

瓦登

編號01469.08.101–01469.08.104

瓦登

瓦登

瓦登

瓦登

編號01469.08.105–01469.08.108

瓦登

瓦登

瓦登

瓦登

編號01469.08.109–01469.08.112

瓦登

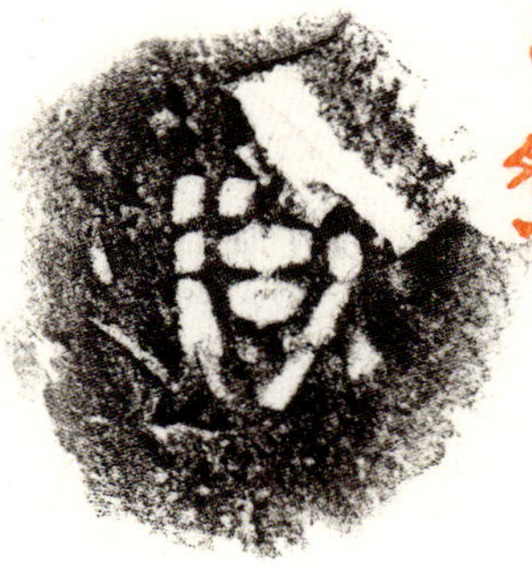

瓦登

瓦登

瓦登

編號01469.08.113–01469.08.116

瓦登

瓦登

瓦登

瓦登

編號01469.08.117–01469.08.120

瓦登

瓦登

瓦登

瓦登

編號01469.08.121-01469.08.124

瓦登

瓦登

瓦登

瓦登

編號01469.08.125–01469.08.128

瓦登

瓦登

瓦登

瓦登

編號01469.08.129–01469.08.132

瓦登

瓦登

瓦登

瓦登

編號01469.08.133–01469.08.136

編號01469.08.137–01469.08.140

瓦登

瓦登

瓦登

瓦登

編號01469.08.141−01469.08.144

瓦登

瓦登

瓦登

瓦登

編號01469.08.145–01469.08.148

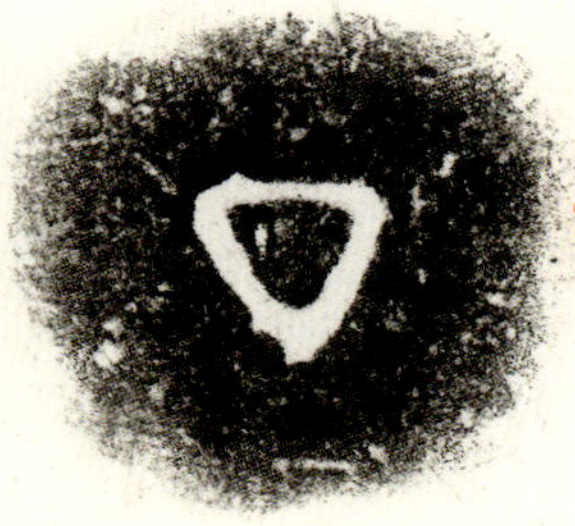

瓦登

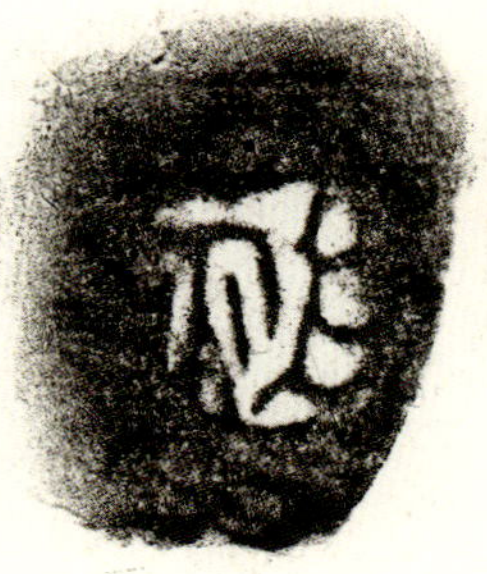

瓦登

瓦登

瓦登

編號01469.08.149–01469.08.152

瓦登

瓦登

瓦登

瓦登

編號01469.08.153–01469.08.156

瓦登

瓦登

瓦登

瓦登

編號01469.08.157-01469.08.160

瓦登

三代古陶軒

瓦登

三代古陶軒

瓦登

三代古陶軒

瓦登

三代古陶軒

編號01469.08.161–01469.08.164

瓦登

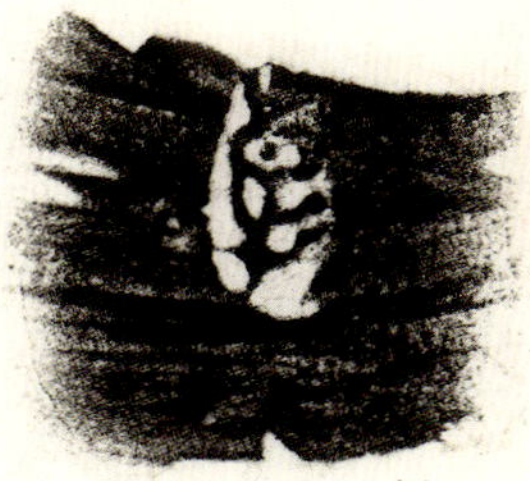

瓦登

瓦登

瓦登

編號01469.08.165–01469.08.168

瓦登

瓦登

瓦登

瓦登

編號01469.08.169–01469.08.172

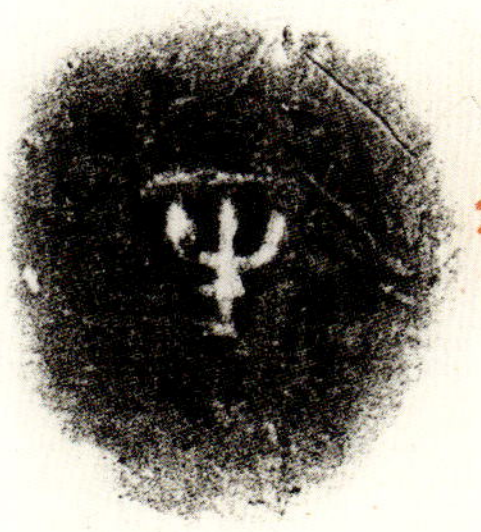

瓦登

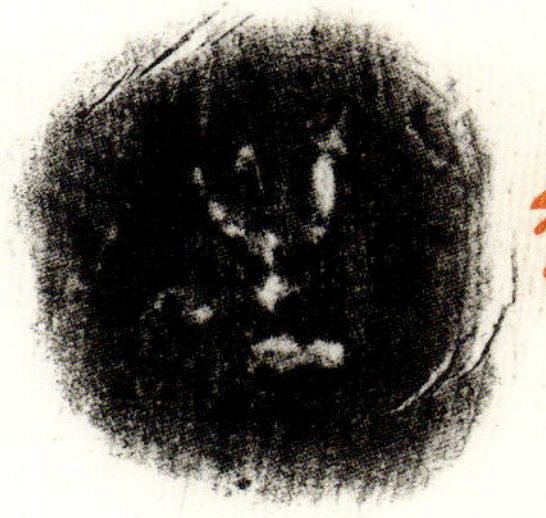

瓦登

瓦登

瓦登

編號01469.08.173–01469.08.176

瓦登

瓦登

瓦登

瓦登

編號01469.08.177–01469.08.180

瓦登

瓦登

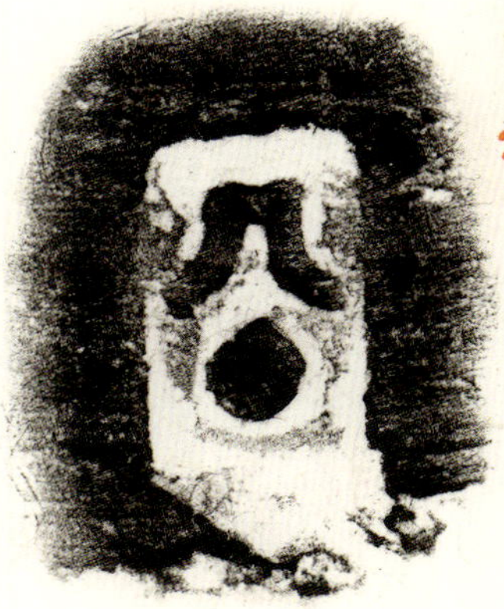

瓦登

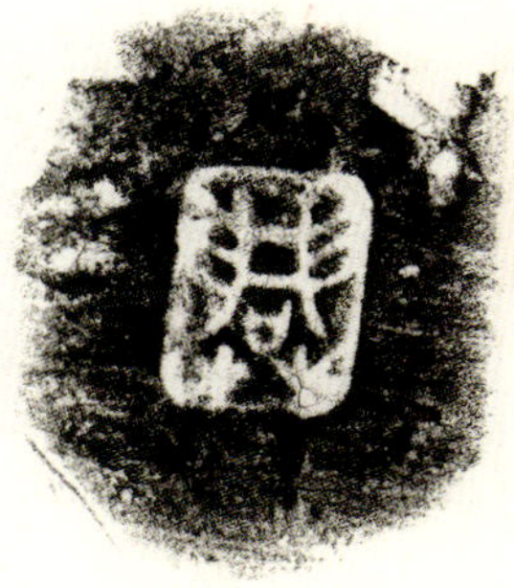

瓦登

編號01469.08.181–01469.08.184

瓦登

瓦登

瓦登

瓦登

編號01469.08.185–01469.08.188

瓦登

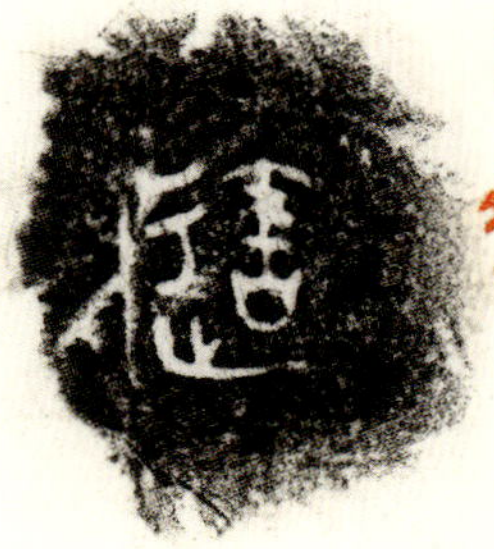

瓦登

瓦登

瓦登

編號01469.08.189–01469.08.192

瓦登

瓦登

瓦登

瓦登

編號01469.08.193–01469.08.196

瓦登

瓦登

瓦登

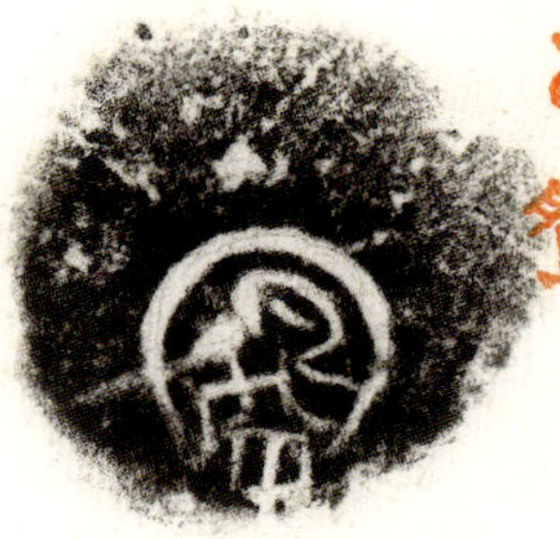

瓦登

編號01469.08.197–01469.08.200

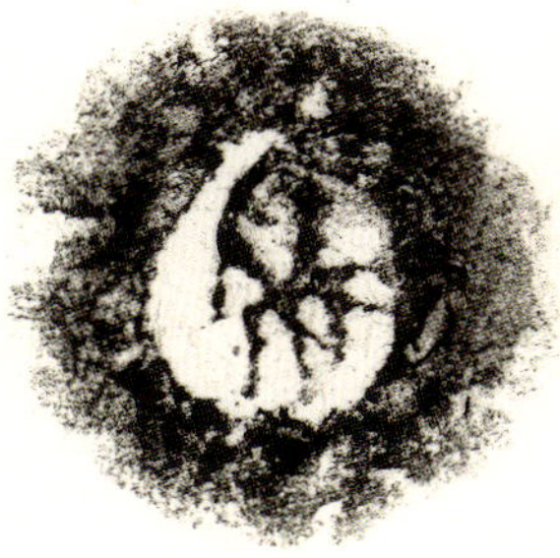

瓦登

瓦登

瓦登

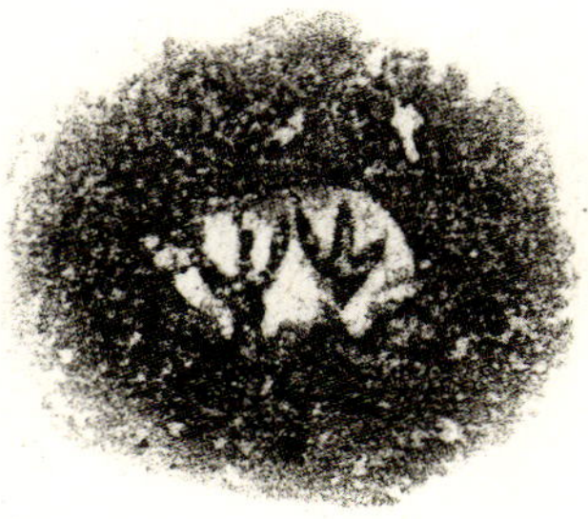

瓦登

編號01469.08.201–01469.08.204

瓦登

瓦登

瓦登

瓦登

編號01469.08.205—01469.08.208

瓦登

瓦登

瓦登

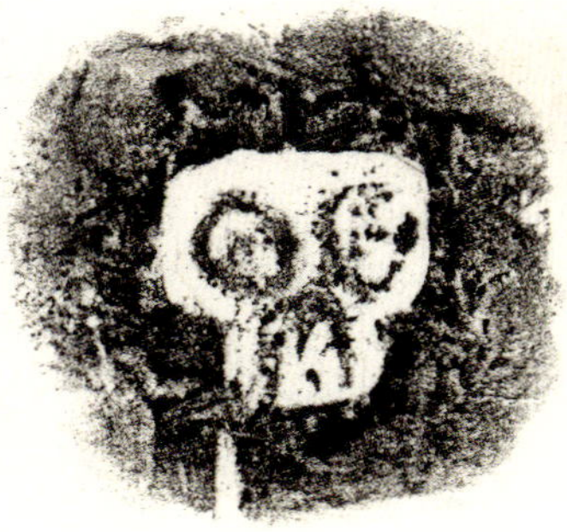

瓦登

編號01469.08.209–01469.08.212

瓦登

瓦登

瓦登

瓦登

編號01469.08.213-01469.08.216

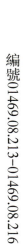

瓦登

瓦登

瓦登

瓦登

編號01469.08.217–01469.08.220

瓦登

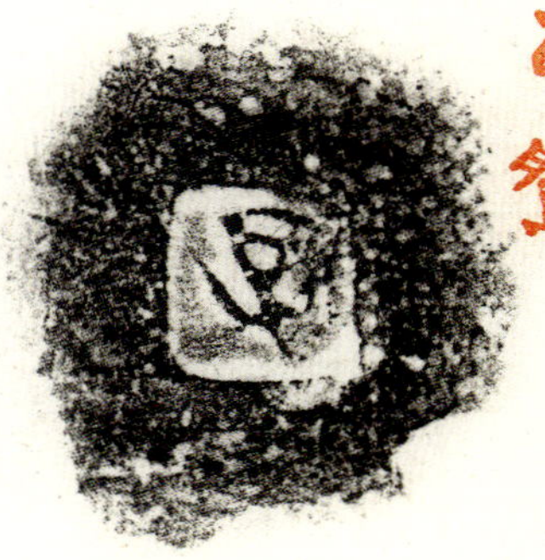

瓦登

瓦登

瓦登

編號01469.08.221—01469.08.224

瓦登

瓦登

瓦登

瓦登

編號01469.08.225-01469.08.228

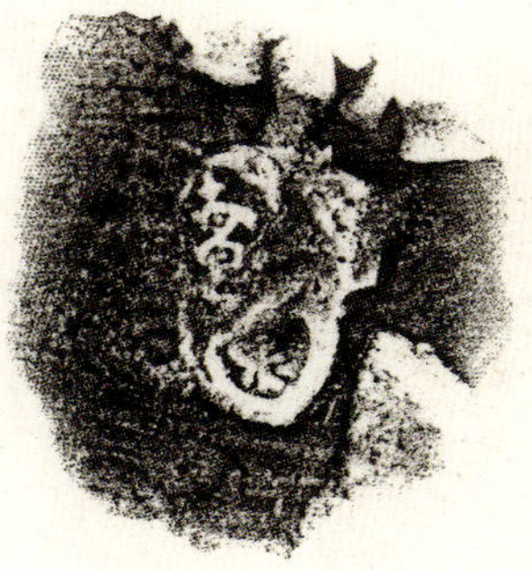

瓦登

瓦登

瓦登

瓦登

編號01469.08.229–01469.08.232

瓦登

瓦登

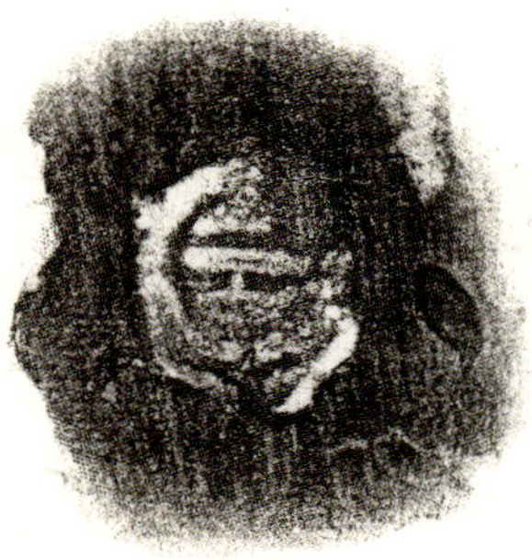

瓦登

瓦登

編號01469.08.233–01469.08.236

瓦登

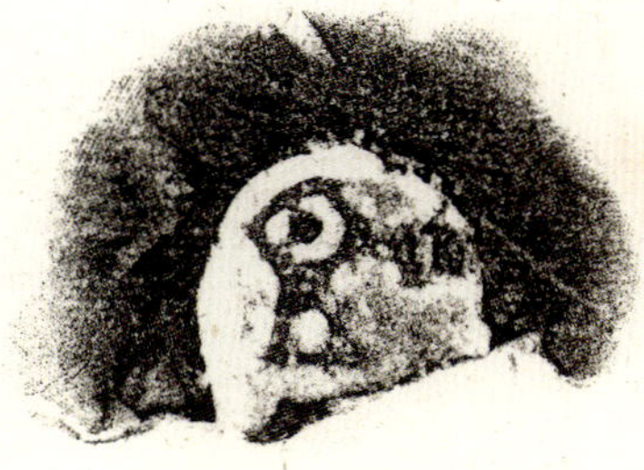

瓦登

瓦登

瓦登

編號01469.08.237-01469.08.240

瓦登

瓦登

瓦登

瓦登

編號01469.08.241—01469.08.244

瓦登

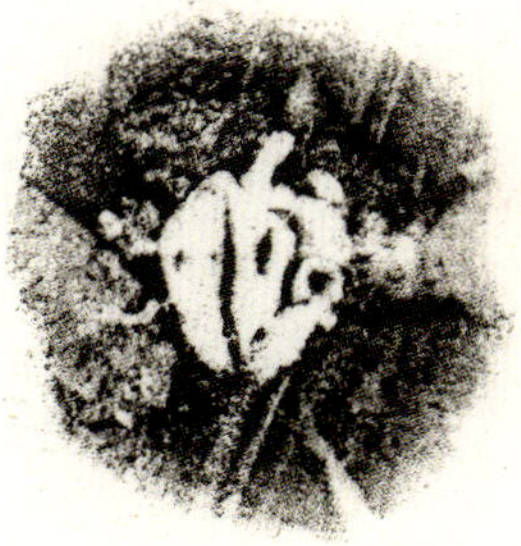

瓦登

瓦登

瓦登

編號01469.08.245-01469.08.248

瓦登

瓦登

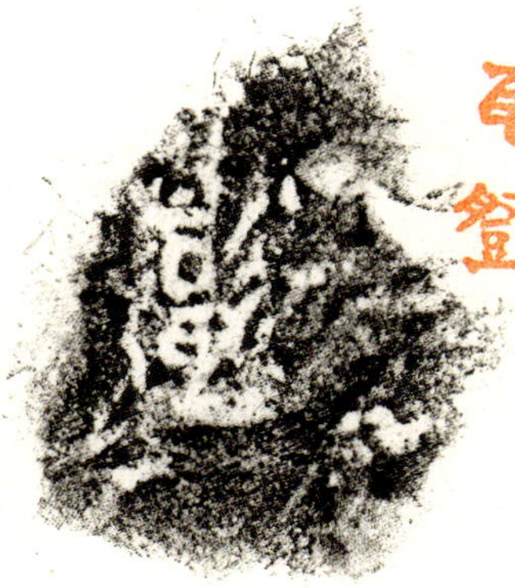

瓦登

瓦登

編號01469.08.249—01469.08.252

瓦登

瓦登

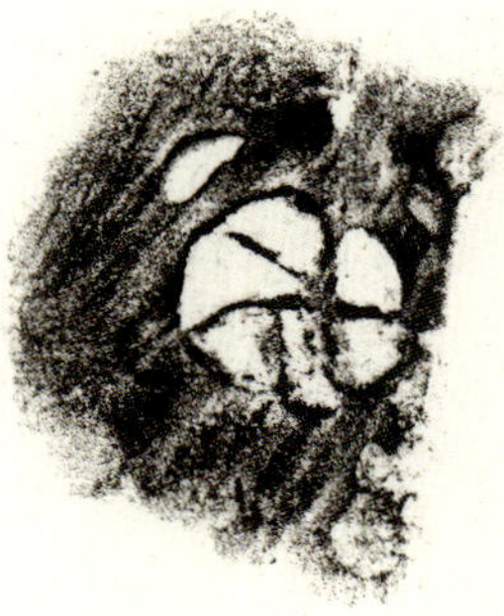

瓦登

瓦登

編號01469.08.253–01469.08.256

瓦登

瓦登

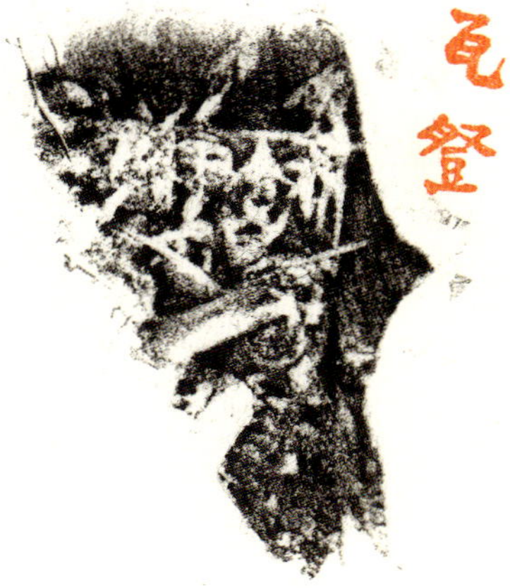

瓦登

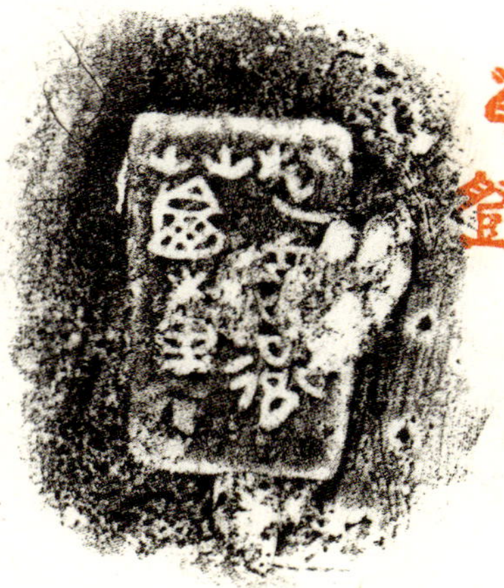

瓦登

編號01469.08.257–01469.08.260

瓦登

瓦登

瓦登

瓦登

編號01469.08.261-01469.08.264

瓦登

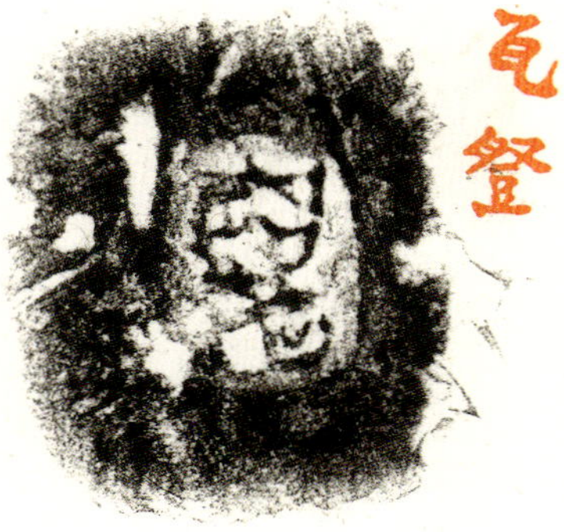

瓦登

瓦登

瓦登

編號01469.08.265–01469.08.268

瓦登

瓦登

瓦登

瓦登

編號01469.08.269–01469.08.272

瓦登

瓦登

瓦登

瓦登

編號01469.08.273–01469.08.276

瓦登

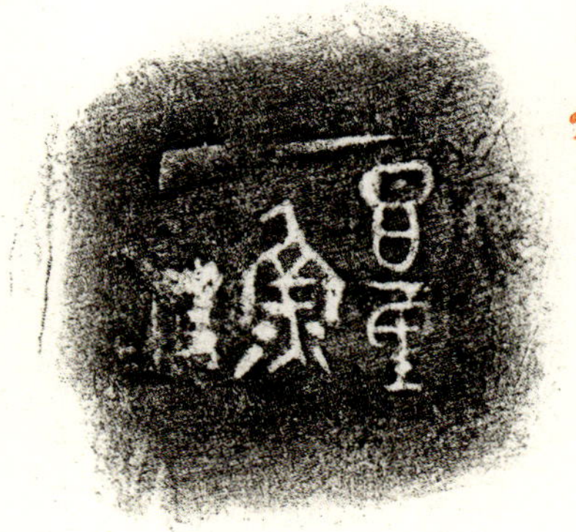

瓦登

瓦登

瓦登

編號01469.08.277–01469.08.280

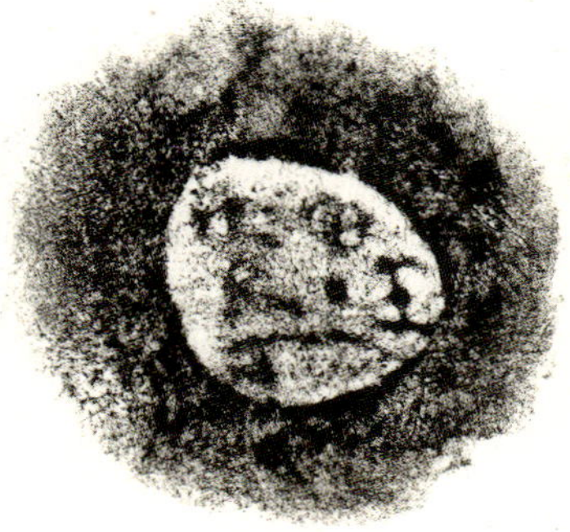

瓦登

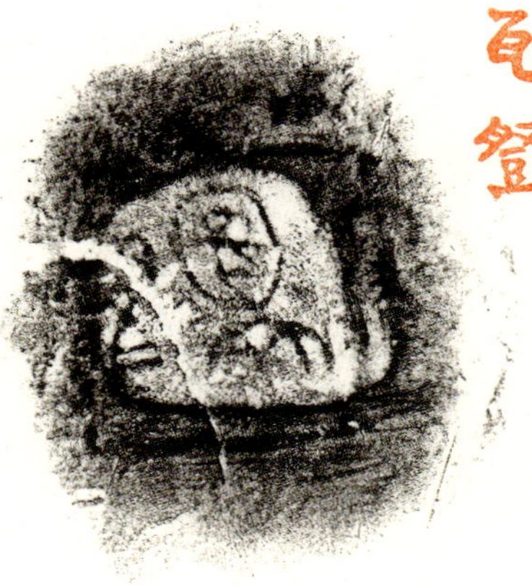

瓦登

瓦登

瓦登

編號01469.08.281–01469.08.284

瓦登

瓦登

瓦登

瓦登

編號01469.08.285–01469.08.288

瓦登

瓦登

瓦登

瓦登

編號01469.08.289–01469.08.292

瓦登

瓦登

瓦登

瓦登

編號01469.08.293–01469.08.296

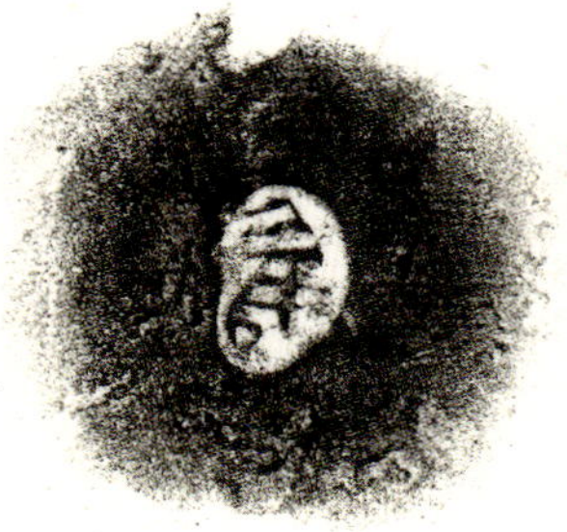

瓦登

瓦登

瓦登

瓦登

編號01469.08.297–01469.08.300

瓦登

瓦登

瓦登

瓦登

編號01469.08.301–01469.08.304

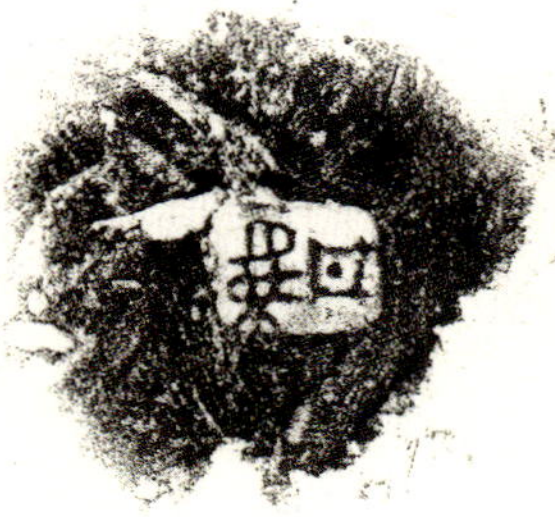

瓦登

瓦登

瓦登

瓦登

編號01469.08.305–01469.08.308

瓦登

編號01469.08.309